KB109422

명상

차茶를 논하다

명상 3

차茶를 논하다

지운 지음

행다선 行茶禪

연꽃호수

수행자의 마음가짐

수행 시작하기 전

앞서 쌓은 공덕과 오늘 쌓을 공덕이

나와 이웃에

기쁨과 평안을 얻는 데 도움이 되기를 바라며,

모든 사람의 번뇌가 사라지기를 기원합니다.

수행 끝날 때

오늘 수행을 통해 얻은 공덕이

나와 이웃에

기쁨과 평안한 마음으로 회향되기를 바라며,

번뇌가 사라진 마음의 힘이

나와 이웃에게 퍼지기를 발원합니다.

일상생활에서

수행과정에서

번뇌가 사라진

기쁨과 평안한 마음이

일상에서 다른 어떤 마음보다

먼저 떠오르도록 수행합니다.

경계의 바람이여

마음 바다 춤추게 하고

반응하는 마음을 자아라고 부르도다

자아여

잠재되어 있어도

불평등의 다양한 번뇌를 불러 일으키네

번뇌여

불타듯 감정의 불꽃 피우고

생각의 터널 빠지게 하여라

온갖 스트레스 두려운 마음

생로병사 괴로움 일으키네

일미一味의
바다에서 건진
달 한 조각

경계의 바람은 보이고 들리는 외부의 현상들에 대한 무지로 생깁니다. 사물, 사람, 사건, 말과 행위와 감정이 마음에 영향을 주기 때문입니다. 이 영향으로 머릿속에서 온갖 생각들이 꼬리를 물고 일어나며 마음을 불태우고 있다면 얼마나 괴롭습니까? 번뇌가 사라지면 그 즉시 마음의 평안이 옵니다.

우리가 살고 있는 현실세계에는 불평등에 의한 여러 가지 현상들이 나타납니다. 불평등은 폭력, 지구 온난화로 인한 이상기후, 환경파괴 등으로 나타납니다. 이러한 모든 현상이 불평등에서 나오고 불평등은 사물을 평등하게 보지 못하는 무지에서 비롯됩니다. 무지는 나와 너를 구별하고 나누는 자아를 낳습니다. 자아는 남과 여, 사람과 동물, 귀신과 천신 등의 좋고 싫음, 낮음과 높음의 차별, 불평등의 현상으로 나타납니다. 불평등은 폭력의 파괴로도 자행됩니다. 허공이 모든 곳에 두루 하여 평등하듯이 다 같은 한 맛(一味)으로서, 모든 일에 걸림이 없는 것처럼 불평등의 해소는 일미를 아는 지혜와 자비의 실천에 의해서 가능합니다.

탐욕과 분노로부터 보호해주는 마음이 자비입니다. 지구온난화, 기후변화, 환경파괴, 국가 간의 분쟁, 사회폭력, 가정폭력 등은 모두 탐욕과 분노의 표현입니다. 이러한 탐욕과 분노도 무지에 의해 일어납니다. 지금 시대에는 이와 같은 무지와 자아와 번뇌를 없애는데 지혜가 필요합니다. 지구촌에서 발생하는 다양한 갈등을 해결하는 치료제로서 지혜와 함께 실천의 마음인 자비도 필요합니다. 지혜와 자비심을 일으키기 위한 방법이 바로 명상입니다. 일상생활 속에서 즐겨 마시는 차를 통해 지혜와 자비심을 낸다면 이보다 좋을 수 없습니다.

인간의 가장 큰 소망은 젊음을 유지하며 영원히 사는 것입니다. 앞으로 우주시대가 열린다면 젊음을 오래 유지하는 약과 기술이 개발될 수도 있지만 영원한 젊음을 가질 수는 없습니다. 형상은 반드시 무너지기 때문에 늙음과 죽음을 피할 방법은 없습니다.

차명상은 지금 이 자리에서 유한한 인간의 삶을 벗어나 불로不老 불사不死의 일미의 약이 우리 마음에 본래 갖춰져 있음을 알고 즉각적으로 실현할 수 있는 효과적인 방법입니다. 일미는 일체 모든 것의 본질로서 마음의 본래성품인 동시에 다르마 곧, 진리입니다.

텅 빈 마음이여

허공에 꽃이 피고 져도 허공은 바뀌지 않듯이

생로병사 없어 시時 · 공간空間 벗어나 본래부터 자유롭도다

변함없는 일미라네

한 기지 맛(一味)이여

텅 빈 마음이로다

남자로 여자로 결정되어 있지 않고

사람으로 동물로 결정되어 있지 않고

천신, 귀신으로 결정되어 있지 않네

인연 따라 남녀 · 사람 · 동물 · 귀신 · 천신 모습 드러낼 뿐

자체 성품 텅 비어 공空함은 변함 없네

차별 번뇌 공할 뿐이라오

텅 빈 마음 일미여

어떠한 견해 없어 세상은 본래 의미가 없다네

인생 또한 결정되어 있지 않아 평등하다오

창조적으로 의미 부여하면서 사는 게 인생이라오

텅 빈 마음 가난하다 말하지 말라

다르마(법-진리)와 인연 되면

무한 잠재력 무한 가능성 깨어나리니

무지가 그대로 깨달음임을 알아

범부가 성인聖人으로 중생이 붓다로 거듭 태어난다오

차명상은 일미를 깨닫고 체득하는 방법으로서 차를 통해 일체
모든 것을 자체 성품이 없어 텅 빈 공空이라는 맛 하나로 꿰뚫어
보는 명상입니다. 차명상은 일미를 얻는 다선일미 차명상이며 자
비다선慈悲茶禪이라고 합니다. 이 책에서는 자비다선 중 기본이
되는 행다선行茶禪을 중점적으로 안내했습니다.

선善을 베풀어서 복福을 지으면 몸이 편안합니다.

명상으로 지혜가 있으면 마음이 편안합니다.

자비심이 있으면 모든 생명과 환경이 편안합니다.

자비다선 차명상을 통해 생명 있는 모든 존재가 평안하시기를!

2020년 9월 변조당偏照堂에서

지운 합장

제5장 차명상의 수행단계

제6장 일각一覺의 다실 명상

제9장 행다선의 체험사례

제1장

차명상을 왜 해야 하는가

한 잔의 차를
마실 때도 선禪의 향기를
느낄 수 있다면
그 차향과 차 맛에서
삶의 진실한 의미를 찾을 수
있습니다

차를 마시는 것은 여러 가지 의미를 가집니다. 5천 년 전부터 마셔온 차는 약으로, 음료로, 문화가 녹아든 차문화로 점차 발전되어 왔습니다. 차 마시기는 선승禪僧들이 화두 선禪 수행과 관련되어 다선일미의 깨달음을 체험하면서 다선茶禪으로 널리 퍼져 오늘날까지 면면히 내려 온 것입니다.

여기에서 이야기하려는 차명상 또한 이 범주를 크게 벗어나지 않습니다. 단지 차를 마시는 일상적 행위에 명상을 응용해 본 것입니다.

선禪은 특정 지역이나 문화의 한 흐름으로만 인식될 것이 아닙니다. 고정된 틀, 고정된 생각을 무너트리는 그 무엇입니다. 왜냐하면 선禪이 삶의 궁극을 깨닫게 하기 때문입니다.

차 마시는 것과 수행이 무슨 관계가 있느냐고 반문할 수도 있습니다. 그러나 차 마시는 것을 수행으로 삼는 것(茶修行法)은 차를 매개로 하여 사람과 사람과의 만남이 이루어지고 차 맛과 혀의 만남, 향기와 코의 만남, 색色과 눈의 만남이 있기 때문에 사람과 환경을 포함한 모든 인연관계의 흐름을 아주 쉽고 가깝게 알아차릴 수 있습니다.

만남을 사람과 환경을 포함한 모든 인연관계로 이해한다면, 만남을 통하여 일어나고 사라지는 마음의 흐름과 헤어짐을 통해 일어나고 사라지는 마음의 흐름을 알게 됩니다. 이는 곧 모든 인간관계의 이치를 깨닫는 방법입니다. 과거나 미래의 허상에 매이는 삶에서 현재의 삶으로 깨어나는 것입니다. 궁극에는 죽음이 없는 이치도 깨닫게 됩니다.

이와 같이 차를 마실 때 차의 빛깔이나 향기 또는 차 맛을 알아차린다는 것은 차 마심 뿐만 아니라 일상생활과 자연스럽게 연결되면서 삶이 온전히 깨어 있게 됩니다. 이것이 생활 속에서 이루어지는 수행입니다. 차명상을 하는 의의가 여기에 있습니다.

한 잔의 차를 마실 때도 선禪의 향기를 느낄 수 있다면 그 차향과 차 맛에서 삶의 진실한 의미를 찾을 수 있습니다. 차 마심이 하나의 생명살림이 될 수 있다면 이때의 차는 선과 한 맛(一味)이 아닐 수 없습니다.

1. 다선의 선禪이란
   무엇인가

붓다의 수행법은 크게 사마타와 위빠사나 두 가지 방법으로 나누어 볼 수 있습니다.

사마타는 지止로 번역하는데 한 가지 대상(무상無相이라는 본질)에 마음을 집중하여 생각의 흐름을 그쳐 마음이 고요해지는 것이고, 위빠사나는 관觀으로 번역하는데 몸과 마음에서 일어나는 모든 대상을 원인과 조건(인연)으로 꿰뚫어 보고 지혜를 얻는 것입니다. 비유를 들자면, 활을 쏠 때 사마타관觀은 그 표적이 움직이지 않는 고정된 것이고, 위빠사나관觀은 움직이는 표적을 정확히 관찰하여 맞추는 것과 같습니다.

그렇다면 '다선茶禪의 선禪이 사마타·위빠사나(止觀)와 어떻게 연관이 되는가?'라고 반문할 수 있습니다. 모든 선(명상)은 지관에서 벗어나지 않습니다. 이렇게 지와 관을 함께 닦는 것(止觀雙修)을 선禪이라고 합니다.

차를 통해서 말과 생각을 떠나는 것이 다선입니다. 마음의 고요함으로 인해 몸(身)과 입(口) 그리고 뜻(意)이 고요한 것이 선禪입니다. 이때의 마음은 단순히 육체와 상대되는 마음을 얘기하는 것이 아니며 눈에 보이는 현상계와 상대되는 마음을 얘기하는 것이 아닙니다. 이 몸도 마음의 현상이요, 삼라만상 우주 그대로가 마음 자체 성품입니다. 이것이 선의 마음이며 그 마음은 움직임이 없어 고요한 그대로 깨달음입니다(不動卽覺).

선을 하려면 선의 마음을 먼저 이해해야 합니다.

손을 들어 새끼손가락을 힘껏 잡아 젖히면 아픕니다. 아픈 것은 손가락이라고 생각하지만, 사실은 마음이 아픈 것입니다. 왜냐하면 아픈 것은 감각이고 감각은 여덟 개의 마음 가운데 촉각이기 때문입니다. 삼각이라는 마음을 아는 것은 의식입니다. 의식도 마음입니다. 즉, 마음이 마음(촉각)을 아는 것입니다.

그렇다면 '아픔을 제공한 손가락은 그 모양과 그 색깔 그대로 존재하지 않는가?'라고 반문할 수 있지만, 손가락을 전자현미경으로 보면 손가락 모양과 색깔 그대로 보이지 않습니다. 외부에 실재하는 것이라면 전자현미경이 아니라 어떤 것으로 보아도 변함없는 손가락이어야 하지만 사실과 달리 그렇지 않다는 것입니다. 손가락은 끊임없이 변하기 때문입니다.

변하는 대상을 언어와 생각을 매개로 하여 매순간 마음이 재구성하여 고정화시킵니다. 고정화시킨 대상을 인식하면서 그것이 실제 있는 것인 양 생각하는 것입니다. 그래서 일정한 모양과 색깔은 아무리 찾아도 없습니다. 이때 손가락이란 하나의 이름일 뿐임을 알게 됩니다. 이것을 실제로 있다고 생각하는 것은 고정된 생각이고 착각일 뿐입니다.

이와 같이 몸은 마음의 현상입니다. 외부에 따로 존재한다고 생각되고 보이는 모든 것도 알고 보면 자기의 마음이 객관화되어 보이는 것뿐입니다. 따라서 마음 밖에 어떤 것도 있지 않습니다. 대상에 대해 이름붙임을, 그리고 자기감정과 생각의 개입을 거두어버리면 마음이 고요해지면서 관계망의 모든 진실(상호관계의 평등성)이 드러납니다. 그래서 고요한 이 마음을 선禪이라고 합니다.

부언하자면, 내 몸이라고 생각하고 바깥경계라고 고정해 생각하는 것은 말과 생각에 따라서 이루어지는 것입니다. 즉, 언어와 생각에 따라서 대상이 느껴지는 것입니다.

예를 들면, 찻잔은 던지면 깨어지지만, 찻잔이라는 말은 던져도 깨지지 않습니다. 찻잔 자체는 매 순간 변하지만 말은 고정되어 변하지 않습니다. 그래서 언어를 통해서 대상을 고정화시키게 됩니다. 그러나 그 언어가 바로 그 대상일 수는 없으니 소금은 짜지만 소금이라는 말은 짜지 않으며, 실제의 찻잔은 던지면 깨어지지만 찻잔이라는 말(생각)은 깨어지지 않는 것입니다. 선에 들어가려면 대상을 고정화시키는 언어와 생각을 떠나야 합니다.

원효스님은 『대승기신론소』에서 마음에 대해 다음과 같이 말씀하셨습니다.

크다고 하자니 아주 미세한 작은 세계 속으로 들어가도
그 흔적을 찾을 수 없고

작다고 하자니 우주를 싸안고도 넉넉함이 있고

있다고 하자니 끝없이 사용해도 비어 있고

없다고 하자니 모든 사물이 이 마음을 타고 생겨나네

이 마음이 바로 각체覺體(깨달음의 바탕)이면서 그대로 선입니다. 다선은 차를 통해서 말과 생각을 떠나 이러한 마음의 본성인 고요함(禪)에 들어가는 것입니다.

마음의 고요함을 회복했을 때는 잘못 알았던 모든 미혹이 사라지고 미혹에 의해 빚어지는 혼란과 번민, 근심, 비통, 두려움 등의 모든 고통이 사라지며 불생불멸의 세계(죽음이 없는 세계)에서 노닐게 되는 대자유인이 됩니다.

2. 차茶 마심의 형식에
생명 불어넣기

차와 선이 한 맛으로 삶을 풍요롭게 한다면 인생은 참으로 멋질 것입니다. 그러나 차 마심을 한갓 풍류로만 여겨서는 안 됩니다. 또한 차를 마시고자 환경을 고르고, 엄숙하고 경건하게 차를 마신다 할지라도 형식에 치우쳐 있다면 공허한 몸놀림에 지나지 않습니다. 이때 진정한 차 맛은 형식에 가려 찾을 수 없게 됩니다. 본질을 떠나 형식에 치우치는 것은 허식에 불과하기 때문입니다.

차를 마시고자 조용한 방에서 정숙을 지키며 품위 있는 몸가짐을 갖추는 것이 진정한 차 마심의 목적이 될 수는 없습니다. 오로지 차를 위해 그렇게 한다면 무언가 허전하지 않겠습니까? 그것은 다만 내용 없는 형식일 따름입니다.

이러한 차 마심의 형식에 생명을 불어넣는다면 금상첨화입니다. 삶에 놀라운 변화를 일으키는 '살림'의 혁명으로 거듭나게 하고 생명을 불어 넣는 것, 그것은 바로 수행입니다.

차 맛을 통해서 일체 모든 것을 하나로 꿰뚫어 볼 수 있다면 다선일미의 깨달음이라 할 수 있습니다. 그러기 위해서 먼저 자신의 내부(마음)를 들여다볼 수 있어야 합니다. 이것이 차명상의 시작입니다. 앉아서 선을 하면 '좌선坐禪'이요, 걸으면서 선을 하는 것은 '행선行禪'이라 하고 차를 마시면서 선을 하는 것은 '다선茶禪'입니다.

선은 몸과 마음과 행위가 고요함을 뜻하고 차를 통해 괴로움의 원인을 제거하는 것이 다선입니다. 고통의 원인이 제거되면 마음이 고요해집니다. 선이란 원인을 제거하는 수단입니다. 다선은 차를 통해 생사의 원인을 제거하는 수행입니다.

비유하자면, 어떤 대상을 사진 찍고 그 찍은 모습이 싫으면 그 사진을 삭제하거나 수정하여 모습을 바꿀 수 있는 것처럼 마음이 불편하다면 마음에 담겨 있는 정보를 찾아내어 그 부분을 제거하면 마음은 편안해집니다. 그러나 이것은 근본적인 해결방법이 아닙니다. 왜냐하면 대상을 인식하는 상황이 지속되는 한에는 여전히 정보가 마음에 쌓이기 때문입니다. 심지어 삭제한 그 정보도 남아 있습니다.

그러므로 근본적인 해결방법은 생긴 정보의 대상을 영화 필름처럼 인식하고, 또 인식하는 그 인식을 멈추게 하면 더 이상 삶과 죽음의 필름이 돌아가지 않습니다. 필름이 끊어지면 삶과 죽음의 정보가 나타나지 않기 때문에 괴로움에서 영원히 해방될 수 있습니다. 그러나 생각의 필름을 무조건 끊어버리면 지혜가 생기지 않아서 깨달을 수 없습니다. 그래서 생사生死의 정보를 담는 필름 자체가 물에 뜬 달과 같이 환영이고, 인식되는 대상이란 자기 마음의 그림자에 지나지 않아 본래 존재하지 않음을 반드시 알아야 합니다.

이처럼 선禪의 방법은 다양합니다. 하지만 여기서는 차를 통해서 선禪을 하는 방법으로 삶과 죽음의 문제를 해결하는 길을 이야기합니다. 이것이 곧 '다선의 요체'이며 이는 자비심을 근간으로 합니다.

차를 통해 선을 할 수 있는 방법은 여러 가지가 있습니다. 행다行茶를 통해 몸과 마음이 고요해진다면 '행다선行茶禪'이요, 차의 다섯 가지 색채를 통해 몸과 마음이 정화되면 '오색차五色茶 다선'이요, 차의 색향미를 통해서 몸과 마음이 고요해진다면 '색향미色香味 다선'이 됩니다.

그리고 자비심으로 차 공양을 다른 이에게 올려서 몸과 마음이 고요해진다면 '공양다선'이 되며 차의 일미一味를 통해서 몸과 마음이 고요해진다면 '일미다선'이 됩니다.

번뇌는 시끄러운 것, 마음 아프게 하나니

세상 또한 시끄러워 생사의 괴로움 일어난다네

모든 괴로움 일으키는 곁가지와 근본 두 가지 원인 있나니[1]

사마타와 위빠사나가 그 원인 제거하여

온갖 괴로움 생기지 않게 한다네

마음속 품은 색깔 그것 정보이며 기억이니

대상 만나면 번뇌망상의 파도 일어나

괴로움 느끼게 하는 곁가지 원인이라

사마타로 번뇌망상 사라지나

꺼진 불화로 속에 숨어 있는 불씨 같아

번뇌 불 일어날 조건 갖추어지면

세상 또한 불바다 된다네

그 원인을 알아 대치對治하면

이것이 근본 원인을 제거하는 것이니

번뇌가 일어나는 원인과 조건

---

1   근본 번뇌와 지말 번뇌

그 자체 살펴보는 그것 번뇌를 제거하는 길이니

근본 원인을 아는 위빠사나이니라

3. 차茶명상의
올바른 이해

생활을 떠난 수행은 없습니다. 진리가 수행자나 성인들만의 고유영역이며 일상적인 삶을 벗어나 있는 것이라면 우리에게 아무런 가치가 없습니다. 수행은 어려운 것도 높거나 먼 것도 아닙니다. 생활이 수행이 되어야 하고 수행이 곧 생활이 되어야 합니다. 이렇게 되었을 때만이 비로소 참된 삶을 살 수 있습니다.

요즈음 차가 당뇨와 암 등의 예방과 치료에 효능이 있다고 알려지면서 차에 대한 관심이 많아졌습니다. 이러한 약용으로서의 차 마심은 차 수행의 차 마심과는 다릅니다.

이러한 차 마심도 치유의 효과는 있겠지만, 앞서 말한 지止와 관觀 수행이 병행될 때만 차 마심이 그대로 생명살림이 됩니다. 즉, 차를 마시는 행위와 맛에 대한 집중은 몸과 마음을 가볍고 편안하게 하며 막힌 곳을 소통시키므로 생명을 살리는 것이 됩니다.

차는 왜 마시는가 묻는다면

한 잔의 차

달빛 같이 알아차려
내면 깊숙이 울리나니

한 송이의 차 꽃에서
한 잔의 차 맛에서

어둠 속 불빛처럼
깨어나는 마음이여
허공 같고 거울 같구나

수억 년 먼 눈 깨우고
죽은 생명 살아나는
우주의 아름다운 춤사위라네

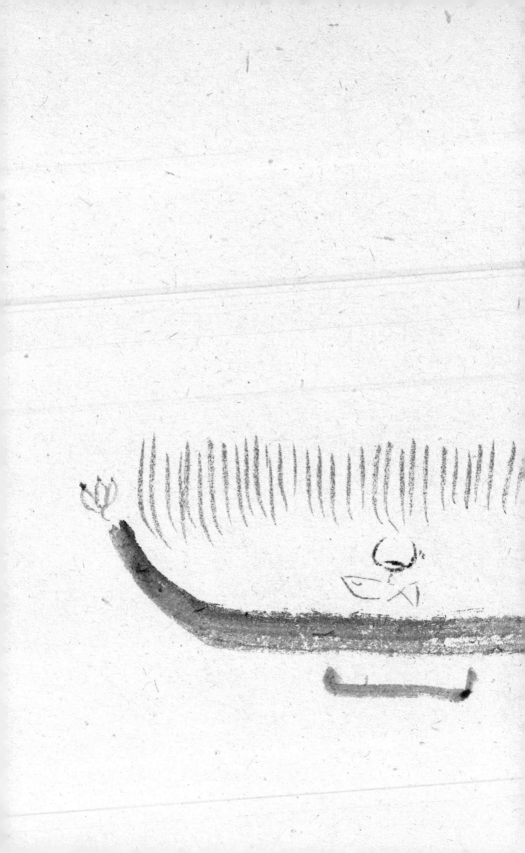

제2장

차명상의 도구

다선일미의 진리를
깨치기 위한
명상도구가 필요합니다
진리로 인도하는 도구를 빌려서
다선일미의 진리에
이를 수 있기 때문입니다

차를 매개로 하는 명상에서는 도구가 필요합니다. 찻잔 등 차 도구 일체는 알아차림으로 마음을 단속하는 도구가 되고 자비심을 일으키는 도구, 고요함(定)과 지혜를 일으키는 도구가 됩니다.

도구의 도道(길 도)와 구具(갖출 구)를 사용하는 이유가 뭘까요? 도구를 사용하면 힘이 덜 들어서 어려운 일도 빨리 할 수 있습니다. 무거운 물건을 들 때 지렛대를 사용하는 것과 같은 이치입니다.

도구의 뜻은 어떤 목적을 이루기 위한 수단이나 방법입니다. 언어는 사람의 사상과 감정을 표현하는 도구이며, 과학 기술은 우리 생활을 편리하게 하는 유용한 도구일 수도, 재앙을 일으키는 위험한 도구일 수도 있습니다. 이와 같이 찻잔, 차의 색향미, 색향미를 표현하는 상상, 사유, 알아차림의 직관 등이 단속과 삼매와 지혜를 얻는 차명상의 도구가 됩니다. 단속(도덕성)과 삼매(집중)와 지혜(사유통찰)가 없는 명상의 도구는 위험합니다.

1. 깨달음을 일으키는 도구
_ 연꽃찻잔

마음은 몸(감각기관)을 의지하여 대상의 영향을 받아 일어납니다. 그 대상이 어떠냐에 따라 마음의 성격이 달라집니다. 마음은 대상을 닮기 때문입니다. 따라서 그것이 진리라면 마음은 그 영향으로 진리의 모습을 닮아가고 결국 진리를 깨치게 됩니다. 그러므로 여기서 다선일미의 진리를 깨치기 위한 명상도구가 필요합니다. 진리로 인도하는 도구를 빌려서 다선일미의 진리에 이를 수 있기 때문입니다. 그 도구는 찻잔입니다.

다선의 명상찻잔은 무경계, 무조작의 한마음에 이르는 훌륭한 도구입니다. 이 도구에는 일곱 가지 의미가 있습니다.

첫째, 찻잔을 좀 크게 한 것은 명상할 때 머릿속에 찻잔의 표상이 쉽게 잘 나타나도록 하여 연상작용이 잘 일어나도록 하기 위함입니다.

둘째, 찻잔의 재질을 백자로 택한 것은 차의 맑고 투명하고 미묘한 빛깔이 잘 드러나기 때문이고 잘 드러난 빛깔은 영상이 쉽게 일어나도록 해주며 선명하게 해주기 때문입니다.

셋째, 찻잔 안쪽 바닥에 연꽃문양이 그려져 있습니다. 찻물을 담았을 때 연꽃문양이 찻물의 맑고 투명한 품성이 잘 드러나도록 하기 위함이며 이로 말미암아 연꽃 같은 마음이 생기게 합니다.

이것이 연꽃문양의 역할입니다.

넷째, 연꽃은 오염물질을 부어도 그것을 받아들이지 않고 청정하듯이 연꽃 같은 마음은 번뇌 속에 있으면서도 번뇌에 물들지 않고 맑고 투명한 불생불멸하는 빈 마음을 상징합니다. 따라서 차명상 중에 명상찻잔을 볼 때 자신의 마음속에 있는 연꽃 같은 마음을 자극합니다. 자극을 받아 일어나는 마음이 연꽃 피듯이 깨어나 열리는 효과가 있으며, 열린 청정한 마음이 또한 다선茶禪의 경지와 일치되도록 하면서 다선일미의 경지에 들어가도록 합니다. 연꽃문양이 바로 의식을 깨우기 때문입니다.

다섯째, 찻잔의 꽃잎 모양이 세 개인 것은 상호의존하고 협력하면서 하나의 에너지(氣) 흐름으로 바뀌어 가게 합니다. 즉, 차 모임의 여러 사람은 각기 개인이면서 전체이고 전체이면서 개인으로 상호 수용과 상호 열림을 표현하는 차 모임의 성격을 의미합니다. 그리고 차를 마시면서 여러 갈래로 일어나는 마음이 하나되어 한마음의 근원으로 들어가는 것을 상징합니다. 한마음은 불법승 삼보의 근원으로 찻잔의 모양은 지혜와 자비 그리고 해탈을 상징하며, 마음의 체體·상相·용用을 상징합니다.

여섯째, 찻잔의 활짝 피어 있는 꽃 모양은 마음을 깨달음으로 움직이게 합니다. 꽃이 핀 모양이 깨달음을 상징하기 때문입니다. 『화엄경』과 『법화경』 제목에 꽃이 들어가 있는 것이 깨달음을 상징하는 것과 같이 찻잔의 꽃이 핀 모양은 깨달음을 상징합니다.

일곱째, 세 개의 꽃잎으로 되어 있는 모양은 자비를 상징합니다. '한마음 공양 다선'을 할 때 찻잔을 잡은 손의 모양이 사랑을 의미하는 '하트' 모양이 되게 합니다. 즉, 최대의 공손과 정성, 사랑을 표현하는 모습이 연출되도록 하기 위함입니다. 두 손으로 찻잔을 감싸 안으면 그 모양이 합장하는 모양이 되는데, 합장은 상대방에 대한 공경을 표하는 것이며 너와 나로 나누어 고통을 일으키는 탐욕과 성냄이 사라지게 하고 어리석음이 지혜로 바뀌게 합니다. 또한 그 손으로 공양을 올림은 상대의 고통을 없애고 생명을 살리는 연민입니다. 이와 같이 최종적으로 다선일미의 연꽃 같은 깨달음에 이르게 합니다.

보통 꽃이 피면 열매를 맺습니다. 꽃이 피면서 열매도 함께 영글어가는 연꽃 같은 깨달음이 있는 반면, 꽃이 지고 난 뒤에 열매가 익어가듯이 얻는 깨달음도 있습니다. 이처럼 차 마심을 통하여 모든 존재의 본질을 꿰뚫어 보아 번뇌망상이 사라지면서 열리는 마음은 마치 꽃이 피는 것과 같습니다.

피는 연꽃처럼
일곱 뜻 찻잔 들어
깨달음 상징하니

따라가는 마음이여
구름 사이로 비치는 햇살같이

무의식의 그림자 사라지고

세상의 어둠 도망가네

2. 자비심을 일으키는 도구
느낌, 이미지, 감정, 생각, 언어

자비다선慈悲茶禪의 핵심은 자비심입니다. 자비는 관계 속에서 일어나므로 그 속성은 무아입니다. 즉, 막힌 것을 뚫어주고 끊어진 것을 이어주며 생명을 불어 넣어 그물과 같이 불이不二의 연기 실상을 구현합니다. 그러므로 자비심을 일으킨 결과 독립된 고유한 자아 없는 무아를 깨닫게 됩니다.

관계를 소통시키는 느낌, 이미지, 감정 그리고 생각을 일으키거나, '사랑한다' '미안하다' '감사하다' '고맙다' '용서한다'라고 마음속으로 말을 걸거나, 타자의 어려움을 해결하고자 발원하는 것, 공양물을 올리는 것은 모두 관계를 소통시키는 도구이니, 이로 말미암아 일어나는 자비심이 막힘과 단절 때문에 파생한 고통을 해소하고 불생불멸의 열반락涅槃樂을 성취케 합니다.

이를 위해 자비다선에서는 특히 상상의 힘을 사용합니다. 상상속에서 일체의 차 도구를 갖추고 차 공양 올리는 모습을 생생하게 현실처럼 내면에 투영합니다. 즉, 동작 하나하나를 실제와 똑같이 상상하는 것입니다. 이 상상력이 자비심을 키우고 자비심은 습관화된 부정적인 심리를 없애고 긍정적인 것을 증장하게 합니다.

괴로움에 대한 자각으로

그물망의 상호작용 속에서만 일어나는 자비

감정의 공감으로

관계를 소통시키는 몸짓, 생각, 감정, 이미지, 언어는 자비이네

상대에 이익을 주는 능력

피곤하거나 싫어하는 감정이 일어나면 자비심은 아직이네

3. 고요함(定)과 지혜(慧)를 일으키는 도구
_ 직관, 분석사유

현실을 상상력으로 투영하는 것은 행다선, 색향미 한마음 다선에서도 유용한 방법입니다. 이뿐만 아니라 알아차림과 인연생멸의 현상에 대해 직관하고 분석 사유하는 것이 바로 고요함(定)과 지혜(慧)를 일으키는 도구입니다.

사마타관과 위빠사나관은 알아차림(正念)으로써 합니다. 특히 사마타관은 상상력을 활용합니다. 투영된 영상을 직관하여 고요함을 얻기 때문입니다. 자비심을 키우고자 차 공양의 이미지를 내면에 투영하는 것도 사마타관입니다. 직관의 힘을 키우고 고요함을 얻는 데는 이보다 더 좋은 방법은 없을 것입니다. 투영된 이미지와 합일하여 존재의 본질이 드러나면 그 본질에 대해 집중해

가는 방법도 사마타 수행입니다.

그리고 관계성 사유와 고요함을 의지하여 내면에서 일어나는 갖가지 영상과 심리를 알아차리면서 통찰하여 사유하는 것은 모두 위빠사나 수행입니다. 이렇게 상상력과 알아차림은 모두 고요함(定)과 지혜(慧)를 얻는 도구입니다.

특히 알아차림은 차를 통해 오감으로부터 일어나는 감각을 알아차리는 것입니다. 즉, 눈으로 색을 알아차리고 코로 향기를 알아차리며 혀로 맛을 알아차리며 귀로 소리를 알아차리며 접촉에 의해 일어나는 감촉(가벼움, 무거움, 부드러움, 따뜻함, 차가움 등)을 알아차리는 것입니다. 이렇게 오감의 감각을 아는 것은 일체를 아는 것입니다. 왜냐하면 감각을 통해서 일체 모든 것이 드러나기 때문입니다.

이상과 같이 이러한 도구를 통하여 단속함(戒)과 고요함(定) 그리고 지혜(慧) 세 가지 배움(三學)과 자비심이라는 결과를 가져옵니다.

눈으로 볼 수 없고

들을 수 없고

냄새 맡을 수 없고

맛볼 수 없고

만질 수 없는 것이여

과거와 미래의 것이라 알아차릴 수 없네

알아차림이여

마음이 과거로 가지 않게 하고

미래로 가지 않게 하여

현재 순간이

온 삶임을 알아차리게 하네

슬픔과 비탄에서 벗어나게 하는 유일한 길

제3장

차명상의 종류와 회통

다선일미 차명상은

모든 차별을 평등으로 보게 하는

자비의 실천으로 나타납니다

자비심의 실천으로

나와 남을 대자유로 이끌게 되므로

자비다선 차명상이라고 이름하는 것입니다

차는 색, 향, 맛을 가지고 있으므로 차를 마실 차 도구가 필요합니다. 그리고 차의 질, 좋은 색향미를 얻기 위해 차 제조법, 차의 성분, 차의 종류, 차 마실 다실, 환경 등 다양성을 가지고 있습니다. 그래서 차명상도 다양할 수밖에 없습니다.

차 마실 다관 등과 관련해서 몸과 입과 마음의 행위를 알아차리고 통찰하는 행다선 명상이 있으며, 차와 찻잔의 오색 색깔을 활용하는 오색차 명상이 있으며, 차의 색, 향기, 맛을 활용하는 색향미 한마음다선, 화두차 등 다양한 차명상이 있습니다.

즉, ①다실의 아홉 가지 뜻 새기기 명상 ②행다선 ③자비다선 ④오색차 명상 ⑤색 한마음 다선명상 ⑥향 한마음 다선명상 ⑦맛 한마음 다선명상 ⑧연꽃찻잔 일곱 가지 뜻에 들어가기 명상 ⑨색향미 감로차 마시기 명상 ⑩주인과 손님, 다선일미 차명상 ⑪다선시 명상 ⑫화두차 명상 등의 차명상이 있습니다.

이 차명상을 통하여 경환공화鏡幻空華의 차명상 경지를 분류하고 차명상 수단인 알아차림, 집중, 지혜, 자비심으로써 분류하여 보면 차명상법이 50개 내지 60개 이상 됩니다. 그밖에 다르마(法)로 분류하면 더 많아질 것입니다.

이와 같이 알아차림과 집중, 지혜와 자비심을 일으키는 차명상을 따라 단계와 수단과 다르마로 차명상의 종류를 세 가지로 분류하여 볼 수 있습니다. 이와 같이 다양한 차명상을 하나로 모아서 통하게 하는 회통이 차명상의 특징입니다.

1. 명상 단계와
   관련되는 종류

차명상에는 경환공화鏡幻空華의 4단계가 있습니다. 이 단계는 문사수聞思修의 단계와 맞물려 있습니다. 앞서 살펴 본대로 경환공화의 명상단계에 따라 차명상을 나눠 볼 수 있습니다. 예를 들면 색 한마음 다선명상을 하여 경환공화의 경지에 이르면 색 한마음 다선은 4개의 차명상이 되는 것과 같습니다. 12개의 차명상에 경환공화를 적용시켜 보면 48개의 차명상이 됩니다.

2. 명상 방법과
   관련되는 종류

단속함, 고요함, 지혜의 세 가지 배움(계정혜戒定慧 삼학三學)은 차명상의 바탕으로 차명상은 여기서 조금치도 벗어나지 않습니다. 세 가지 배움으로 차명상 종류를 분류할 수 있습니다.

감각기관의 단속(戒)은 알아차림(正念)과 바른 앎(正知)으로써 차명상 합니다. 이를 정념다선正念茶禪 차명상이라고 합니다. 알아차림으로 찰나삼매가 생기면 집중력이 좋아진 것입니다. 이를 삼매다선三昧茶禪 차명상이라고 합니다. 삼매를 의지하여 무상·고·무아·공을 아는 앎이 생기면 이를 지혜다선智慧茶禪 차명상이라고 합니다. 또한 자비를 수단으로 하여 탐욕과 분노를 줄이고 없애며, 슬픔과 해치고자 하는 마음을 제거하는 자비다선慈悲茶禪이 있습니다.

3. 이理(다르마)와
   관련되는 종류

이理는 일체 모든 것의 공통되는 현상을 말합니다. 원인의 뜻과 결과의 뜻을 가지고 있습니다. 시간적으로 변하고 공간적으로 상호의존하므로 내재하는 실체가 없는 무아, 공입니다. 이와 같이 공통되는 현상을 다르마(dharma)라고 하며 다르마를 법法이라고 합니다. 다르마의 이름을 따라 무상다선無常茶禪 명상, 무상즉고無常卽苦 고즉무아苦卽無我 다선茶禪, 연기다선緣起茶禪, 심안다선心眼茶禪, 유심다선唯心茶禪, 심공다선心空茶禪이 있습니다.

4. 회통

다르마(법)는 차별되는 모든 것을 하나로 통합하고 단계와 수단까지 하나로 통하게 합니다. 이를 일미一味라고 합니다. 차명상을 통해서는 다선일미茶禪一味라고 하는데 다음과 같습니다.

①먼저 사람에 의지하지 말고 사람의 말에 의지합니다. 말에 의지하면 사람을 잊어버립니다. 사람에 의지하면 좋아하고 싫어하는 것이 있기 때문에 차별심이 일어납니다. 그래서 말에 의지하는 것입니다. 또한 말은 그 대상에 집중하게 하는 힘이 있습니다.

②그 다음은 말에 의지하지 말고 말의 의미에 의지합니다. 의미에 집중이 되면 말을 잊어버립니다. 말은 매개체로서 가리킬 뿐인데 말이 인식대상이 되면 대상을 고정, 독립시키고 분리시키며 스스로 실체로서 존재하게 합니다. 그래서 말을 잊어야 착각과 왜곡에서 벗어납니다.

그러나 의미를 전달하는 수단으로서의 언어의 기능이 작동하게 되면 언어를 통해 의미가 분명해집니다. 몸은 의미에 반응합니다. 특히 언어 속에 있는 의미가 일체 모든 것의 궁극적인 뜻이라면 의식이 깨어나는 현상이 생깁니다. 궁극적인 뜻은 일체 모든 것의 공통되는 이치(理)로서 일미一味입니다.

③특히 말의 추리적인 의미에 의지하지 말고 말의 직관적인 명확한 의미에 의지합니다. 언어를 통해 전달되는 뜻이 불분명하면 체험이 오지 않습니다. 코드가 맞지 않아서 몸의 반응과 마음이 움직이지 않기 때문입니다.

④그 다음은 궁극적인 일미의 뜻을 지성적으로 이해하는 것에 의지하지 말고, 직접 체험하는 것에 의지해야 합니다. 왜냐하면 머리로 이해한 것은 잊어버리지만 몸으로 체험한 것은 잊어버리지 않기 때문입니다. 다양한 종류의 차명상은 모두 이 일미를 깨치기 위한 차명상이므로 다선일미의 차명상으로 귀결됩니다.

이처럼 경환공화로 이어지는 차명상의 네 가지는 다선일미의 일미라는 궁극적인 뜻에 통합됩니다. 계정혜로서 이름을 가진 차명상 세 가지도 일미를 깨닫고 체득하기 위한 것이며, 다르마의 이름에 따른 차명상도 일미라는 궁극적인 다르마로 통합됩니다. 실제 수행의 과정에서 사람→ 말→ 의미→ 지성적인 이해→ 수행 체험으로 가면서 일미를 체험합니다.

이는 지구에 다양한 이름을 가진 수많은 강이 있는데 강물이 흘러 바다에 이르면 강의 이름을 모두 버리고 바다라는 하나의 이름과 짠 맛이라는 하나의 맛을 가지게 되는 것과 같습니다. 즉,

경환공화의 강 이름과 계정혜의 수단이라는 강 이름과 다르마라는 강 이름을 가진 차명상이라는 강물이 흘러 다르마의 바다에 이르면 다양한 차명상의 이름은 사라지고 '다선일미茶禪一味'라는 차명상 이름으로 회통會通되어 '다선일미 차명상'이라는 하나의 이름만 남습니다.

또한 다선일미 차명상은 어려운 환경에 처한 많은 사람들에게 이익을 주는 일미의 지혜와 계층 간의 차별, 남녀 차별, 인종 차별을 평등의 시각으로 바르게 보는 자비의 실천으로 나타납니다. 더 나아가 불평등에서 야기된 폭력인 가정 파괴, 사회 파괴, 국가 파괴, 지구 온난화, 기후변화, 환경 파괴를 치유하는 지혜를 가진 자비심의 실천으로서 나와 남을 대자유로 이끌게 되므로 '자비다선慈悲茶禪' 차명상이라고 이름하는 것입니다.

제4장

차명상의 네 가지
틀과 구성요소

대나무의 비어있음을
공성에 비유한다면 매듭은 공성을 아는 자비와
지혜에 비유할 수 있습니다
이 지혜와 자비의 매듭으로 인하여
수행자는 정신이 성숙해지면서 깨달음이 일어나고
자유로워지게 됩니다

다양한 차명상에는 공통되는 틀과 구성요소를 가지고 있습니다. 공통된 틀과 구성요소를 알면 어떠한 차명상을 하더라도 혼란을 일으키지 않게 됩니다. 차명상 틀과 구성요소는 무상 등 다르마로 이루어져 있으므로 일미다선 또는 자비다선으로 모두 회통됩니다.

1. 차명상의 네 가지 틀

차명상의 틀은 알아차림의 직관, 사유 통찰하는 추리, 상상, 스토리(story)가 있습니다.

이 네 가지 틀은 다르마를 깨치고 체득하게 하는 수단입니다.

1) 행다의 알아차림 – 직관

직관은 대상을 있는 그대로 아는 인식입니다. 있는 그대로 아는 힘(직관)을 통하여 얻는 결과로서 모든 존재를 추론할 수 있습니다. 추론하는 것은 사유 분석하여 통찰하는 것을 말합니다.

직관을 통하지 않고 추론하는 것은 그 대상을 오해하거나 왜곡할 수 있습니다. 반대로 직관을 통해 바르게 알았다면 그 앎을 토대로 그 대상을 사유 분석했을 때 그만큼 오류를 줄이고 왜곡에서 벗어나 명확한 통찰을 할 수 있습니다. 그러므로 행다이 알아차림은 차명상의 바탕이 됩니다. 상상과 story 속에서 일어나는 명상의 여러 가지 현상들을 있는 그대로 알아차리는 힘에 바탕을 둘 때 집중과 사유 통찰과 자비 그리고 이 모두를 회통하여 일미를 깨닫게 됩니다.

2) 사유통찰의 추론 – 지혜

차茶를 매개로 인간 관계, 인연 관계의 흐름을 알아차리는 자체가 바로 지혜입니다. 지혜가 있으면 차의 색향미를 맛본다는 것 자체가 행복하고 자유롭습니다. 흔히 우리들은 시각적으로 보이는 것을 진실이라고 믿는 경향이 있습니다. 그렇지만 진실이 아닌 경우도 많습니다. 진실을 알기 위하여 겉모양의 틀(고정관념, 편견) 속에 있는 볼 수 없는 것을 보고, 만질 수 없는 그것을 포착하여 알게 하는 것이 분석사유입니다. 마치 추리소설 속의 주인공이 보이지 않는 범인을 잡기 위하여 조그마한 단서를 추론하여 범인을 잡는 것과 같습니다. 이렇듯 추론의 과정을 통해 드러난 진실(또)

에 들어가는 것이 직관의 역할입니다.

3) 이미지의 시각화 - 상상

꿈, 상상, 현실은 장소만 다를 뿐 인식하는 것이 같기 때문에 결과가 생깁니다. 즉, 꿈이든 상상이든 현실이든 신체적 반응을 동반합니다. 꿈속에서 강도를 만나면 식은땀을 흘리고 도망가기 바쁩니다. 실제로는 꿈일 뿐이지만 현실에서 신체적 반응이 있음은 누구나 아는 사실입니다. 하물며 상상은 더 말할 나위 없습니다. 그래서 꿈과 상상과 현실은 같다고 하는 것입니다. 이것이 상상이라는 환경 속에서 집중인식과 사유분석의 인식이 이루어질 수 있는 이유입니다.

4) 이야기 - story

명상을 통하여 다르마의 이치가 드러나면 착각과 왜곡과 잘못된 견해가 없어집니다. 효과적으로 착각과 왜곡과 잘못된 견해를 소멸시키기 위해 스토리를 만드는데, 이 스토리를 구성하는 요소가 무상, 상호의존, 공 등의 다르마입니다. 이야기를 구성하는 공과 연기, 무상 그리고 오직 마음뿐, 밖의 경계가 없다는 이치를 드러내는 지혜가 매듭 역할을 합니다. 이러한 이야기의 매듭이 자성청정한 마음의 본성을 자극하여 잠재력을 이끌어내고 가능성을 현실화합니다. 이것이 차명상의 특징입니다.

이야기는 지혜와 자비를 일으킵니다. 매듭과 흐름이 있기 때문입니다. 흐름은 무상과 상호의존과 인과로서, 있음도 아니고 없음도 아닌 중도의 흐름이며 한마디로 다르마의 흐름입니다. 매듭은 번뇌 망상과 망념의 매듭이자 다르마를 아는 지혜의 매듭입니다. 자비와 지혜에 의해 망상과 망념이 녹고 번뇌의 뿌리를 잘라가면 속박하고 있던 번뇌의 매듭은 사라지고 그 매듭이 다르마를 아는 지혜와 자비의 매듭으로 바뀌게 됩니다. 자비와 지혜의 내용이 다르마이기 때문입니다.

명상 중에 진행되는 이야기 속에는 물과 바람이 있고 형상이 있으며 풍광이 있습니다. 이 모두는 비유와 상징과 심리 등으로 이루어져 있기 때문에 마음은 그 영향을 받아 아뢰야식의 종자들이 현상으로 나타납니다. 이것은 본인의 심리현상이기도 합니다. 그런데 이를 단순히 현상으로만 보면 망상과 망념이 습관적으로 반응하게 되고, 상징과 비유와 심리의 내용은 다르마를 지칭하기 때문에 나타나는 심리현상을 무상, 고, 무아, 상호의존 등의 다르마로 보면 비로소 마음(망상, 망념)의 흐름이 멈추게 됩니다. 즉, 지혜가 생기고 자비가 일어났기 때문입니다. 이렇게 차명상 틀의 구성요소는 무상, 상호의존, 공 등의 다르마로 이루어져 있고, 그렇기 때문에 이야기의 흐름을 따라가는 차명상의 수행 정도에 따라 깨달음과 자유라는 체험으로 나타납니다.

비유하자면, 대나무는 비어 있습니다. 하지만, 비어 있기만 하면 대나무는 더 이상 자라지 않습니다. 그 빈 가운데 매듭이 있기 때문에 대나무는 더 높이 자랍니다. 대나무의 비어있음을 공성에 비유한다면 매듭은 공성을 아는 자비와 지혜에 비유할 수 있습니다. 이 지혜와 자비의 매듭으로 인하여 대나무에 비유되는 수행자는 정신이 성숙해지면서 깨달음이 일어나고 자유로워지게 됩니다.

2. 차명상 틀을 구성하는 요소

언어를 의지함

1) 언어

차명상의 언어 또는 다르마의 언어는 스토리를 구성하고 다르마를 표현합니다. 그러나 스토리 속에서 나타나는 언어도 다르마를 드러냅니다. 그러므로 차명상 스토리는 언어로부터 출발하여 언어를 떠나 다르마의 뜻으로 들어갑니다. 언어를 통해 자신이 가지고 있는 견해가 무너지면서 마음의 변화가 생깁니다. 마음의 변화는 명상 중 이해로 나타납니다. 체험이 있다는 것이며 그 체험에서 지혜가 생기는 것입니다. 처음에는 언어를 통하여 내용을 파악하고 두 번째는 내용의 뜻을 알아차리고 세 번째는 뜻으로 들어갑니다. 내용이 파악되면 언어를 떠나는 것이며 뜻을 알게 되면 그 내용을 떠나는 것이며 뜻으로 들어가면 그 뜻을 버리는 것입니다(覺). 물론 언어를 통하여 바로 뜻으로 들어가는 것이 최상이지만 이렇게 단계를 밟아 가면 선禪 수행에 접근하기가 쉽고 생활 속에 응용하기가 좋습니다.

그러므로 수행자는 처음 길잡이의 안내(언어)를 통해 명상하고 다음에는 자기 자신에게 멘트를 하고 그 다음에는 멘트 없이 명상하여야 다르마의 뜻에 들어갈 수 있습니다.

2) 비유

이해하기 어려운 현상을 설명하는 데는 비유가 효과적입니다. 비유는 설명하기 힘든 수행체험을 표현할 수 있습니다. 예를 들어 깨달음의 평등을 표현하기 위해 '허공과 같다'라고 허공을 비유하여 표현합니다. 감로차 명상과 오색차 명상에서는 차의 색향미가 '모래에 물이 스며들 듯'이라고 비유하고 색 한마음 다선에서 찻물의 맑고 투명함의 비유는 거울과 허공입니다.

3) 상징

다실 꾸미기 명상에서 집은 오온五蘊을 상징하고 명상정원은 수행 중의 내면을 상징합니다. 시냇물은 생사, 탐진치를 상징하며 여섯 개의 징검다리는 육바라밀, 연못은 선정, 연꽃은 깨달음, 빈 마당은 공성, 다실은 완전한 깨달음을 상징합니다. 색 한마음 다선에서 찻잔-옹달샘-연못-호수-바다-하늘은 몸(마음의 크기)을 상징하며 찻잔 속 찻물의 맑고 투명함, 연못의 물-호수의 물-바닷물-하늘의 텅 빈 맑고 투명함은 마음의 본성을 상징합니다.

4) 심리

행다선에서 모든 행다 하는 행위에는 본인의 심리가 반영되어 있습니다. 오색차 명상에서는 색채도 심리의 표현입니다. 색 한마음 다선에서 찻잔과 하늘까지의 이미지는 본인의 심리 현상입니다. 이렇게 차명상의 상상과 이야기는 모두 심리로 이루어져 있습니다.

언어를 떠남

5) 다르마(法)

다르마는 ① 상호의존 ② 인과 ③ 변화(無常)·불만족(苦)·자아 없음(無我) ④ 자성 없음(空)입니다.

행다선에서 의도가 원인이 되어 행다 하는 행위가 일어나는 것은 원인과 결과라는 인과로 이루어져 있습니다. 다실 꾸미기 명상, 오색차 명상, 색 한마음 다선도 모두 인과로 이루어져 있고 인(因)과 과(果)의 상호의존으로 이루어져 있습니다. 그리고 변화(무상)·불만족(고)·자아 없음(무아)·자성 없음(공) 등의 다르마가 차명상의 틀을 구성하는 요소입니다. 차명상의 모든 명상 틀은 여기에서 벗어나지 않습니다.

3. 차명상의 수단과 결과

1) 알아차림(戒) – 정념다선正念茶禪 차명상

결과이면서 수단이라는 것은 알아차림이 계戒가 되고 알아차림이 익어지면서 집중이 되어 정定을 이루고 정을 의지하여 지혜가 생기기 때문입니다. 계정혜는 차명상의 틀을 통해 나타나는 결과이면서 모든 존재의 근원으로 상승하는 수단이 됩니다. 계정혜로 상승하는 과정에서 일미一味를 아는 지혜가 잠재되어 있는 마음의 무한 잠재능력과 가능성이 발휘되면서 범부가 성인으로 바뀌는 것입니다.

말하자면 알아차림을 통한 감각기관의 단속인 계는 차명상의 틀을 통해 나타나는 결과이면서 명상수단이 됩니다. 행다 할 때 대상에 반응하는 느낌과 감정과 생각을 알아차리는 순간 집중의 토대가 되는 감각기관을 단속하여 도덕적인 계를 이룹니다. 계에 의지하여 일어나는 번뇌의 고요한 삼매(定)는 명상대상에 대한 알아차림이 익어가는 현상으로 집중이 생깁니다. 집중은 찰나삼매를 일으키고 본삼매에 들어갈 수 있는 수단입니다. 삼매는 정신적인 성숙을 가져옵니다. 모든 수행의 단계는 삼매 속에서 이루어집니다.

알아차림 속에서 삼매가 일어나면 무상·고·무아를 아는 지혜가 생깁니다. 변하는 것은 불만족스럽고 불만족은 내 뜻대로 안 됩니다. 그래서 주재하는 자아가 없는 무아입니다. 이렇게 무상·고·무아의 지혜가 생기면 번뇌, 속박은 풀어지고 자유가 옵니다.

2) 사유통찰(慧) - 지혜다선智慧茶禪 차명상

차명상의 틀에서 계정혜가 이루어지지만 차명상의 틀은 여기서 그치지 않습니다. 잠재력을 일깨우려면 무상·고·무아의 지혜에 의지하여 다르마를 사유통찰하여 일미의 지혜가 생기게 해야 합니다. 다선일미의 깨달음과 체득이 차명상의 궁극적 목적입니다.

지혜가 생기게 하는 차 맛보기의 사유통찰 명상을 예로 들자면 차 맛은 혀가 없어도 차 맛이 없고, 찻물이 없어도 차 맛이 없으며, 미각의식이 없어도 차 맛이 없습니다. 혀와 찻물과 미각의식의 삼자가 만났을 때 비로소 차 맛이 생기는 것임을 알 수 있습니다.

한발 더 나아가 차를 배달하는 사람, 차를 법제하는 사람, 차 잎을 따는 사람, 차나무가 있어야 하며, 차나무는 흙이 있어야 하며, 물이 있어야 하며, 온도가 있어야 하며, 공간이 있어야 하며, 햇빛을 받아 광합성 작용光合成作用을 함으로써 차 잎이 자랍니다. 햇빛은 태양에서 오고 태양은 우주에 있습니다. '차 맛을 본다'는 것은 우주를 맛보는 것입니다. 이와 같이 차 맛이라는 부분이 우주라는 전체와 인연관계로 연결되어 있기 때문입니다.

이렇게 부분이 곧 전체이고 전체가 곧 부분이 되기 때문에 차 맛이라는 부분이 우주 전체와 동등합니다. 차 맛을 보면서 이러한 이해가 오면 이것이 지혜입니다. 평등하다는 지혜는 곧 성차별, 계층 간의 차별, 인종차별을 하지 않게 하고 이러한 사회문제를 해결하려고 합니다. 뿐만 아니라 전쟁과 테러, 환경오염과 지구 온난화 문제, 술과 담배중독 문제, 동물 학대 문제 등도 한 잔의 차 맛을 통해 해결하려고 하는 인식을 가지게 됩니다.

또한 차 맛의 인연관계 흐름(無常)을 시간적인 관점에서 사유 통찰을 하면 현재 삶이 깨어납니다. 왜냐하면 과거·현재·미래는 무상無常하기 때문입니다. 즉, 지나간 과거의 행다는 다시 돌아오지 않아 없고, 미래의 행다는 오지 않아 없고, 현재의 행다는 머물지 않습니다. 현재 행다는 계속 바뀌어 간다는 뜻입니다. 이 무상으로 앞뒤가 끊어져 의식은 현재 이 순간에 깨어나게 되는 것입니다. 깨어있음이 곧 지혜입니다. 그러면서 궁극의 이치(무상·연기·공)를 깨닫게 되는 것입니다.

3) 집중(定) - 삼매다선三昧茶禪 차명상

이와 같이 무상을 통해 앞뒤가 끊어진 자리가 공空입니다. 『반야경』에서는 무상즉공無常卽空이라고 합니다. 무상즉공을 체득하기 위해서는 무상즉공을 아는 의식에 집중하여 명상합니다. 그러나 무상즉공을 아는 마음이 드러나지 않으면 그 마음을 대상으로 사마타 명상을 할 수 없습니다. 그래서 먼저 머물지 않는 곳에 머무는 집중명상이 필요합니다.

자취 없음에 머물러 있으면 어떤 일이 벌어질까요? 머물지 않는 현상은 흔적을 남기지 않습니다. 자취 없는 곳이 바로 자성自性이 없는 곳입니다. 자성이라는 용어를 잘 알면 바로 지혜가 생깁니다. 차명상에서도 '자성이 공하다.' 또는 '자성이 없다.' 이런 말을 씁니다.

자성이라는 단어를 살펴보면 자自라는 것은 스스로를 뜻합니다. 그렇지만 스스로라는 것이 과연 존재할 수 있을까요? 만일 스스로라는 것이 존재한다면 우리는 모두 부모 없이 존재해야 합니다. 스스로 부모도 없이 태어나고 내가 이대로 영원히 살 수 있어야 됩니다. 생로병사生老病死도 없어야 합니다. 태어난 일이 없으므로, 죽을 일이 없습니다. 그렇지만 현실은 부모로부터 태어났고, 우리는 생로병사를 하는 존재들입니다. 그러므로 자성이 없다는 말이 맞는 말입니다. 이것이 공空이라는 뜻입니다. 스스로 존재하는 것은 없다는 것입니다. 왜냐하면 상호의존하고 있기 때문입니다. 상호의존이라는 말의 다른 이름이 공입니다. 그리고 공이라고 하는 말은 어떠한 견해도 없다는 말입니다. 즉, 공은 존재를 이야기하는 것이 아니란 말입니다. 존재를 부정否定하고, 상相을 없앱니다. 어떤 견해를 내세우는 것이 아니며, 견해를 내세우면 바로 어긋나게 되어 있는 것이 공입니다.

이러한 공성의 뜻을 알면 차 마심이 생명을 살리는 것이 될 수 있습니다. '생명살림'이 된다는 말이 무슨 말일까요? 바로 상호의존이 생명이며 공이 생명입니다. 그래서 머묾 없는 곳에 머뭅니다. 머무는 집중명상은 공성 하나로 모든 것을 꿰뚫어보고 아는 일미의 지혜를 체득할 수 있습니다.

이러한 일미를 아는 지혜가 드러나면 바로 일미를 아는 마음에 머뭅니다. 즉, 일미의 지혜는 곧 공성을 아는 마음이며 이 마음이 집중의 대상이 됩니다. 이러한 과정이 바로 차를 매개로 선禪 하는 차명상으로 일미를 깨닫고 체득하는 것입니다. 그래서 차명상의 틀을 통해서 공성을 깨달아 일미를 체득하는 집중이라는 수단이 생기게 하는 것입니다.

4) 자비 – 자비다선慈悲茶禪 차명상

차명상의 틀은 자비심을 일으킵니다. 자비심이 있으면 어려운 환경에서도 싫어하거나 피곤해 하지 않습니다. 왜냐하면 생사의 괴로움에 처한 이들을 괴로움에서 벗어나게 하는 힘이 자비심이기 때문입니다. 자비심의 환경 속에서 계정혜 삼학의 명상인 정념다선正念茶禪 차명상, 삼매다선三昧茶禪 차명상, 지혜다선智慧茶禪 차명상을 할 수 있습니다.

자비심이 일어나게 하는 차명상의 근원은 공성에 있습니다. 왜냐하면 차명상의 틀을 구성하고 있는 요소 가운데 공이 있기 때문입니다. 공성은 안과 밖이 없고 주객이 없어 평등함을 뜻합니다. 차명상을 통해 평등함을 이해(지혜)하거나 평등한 마음을 가지고 있으면 지각 있는 모든 생명을 대할 때 자비심이 일어납니다. 자비의 근원은 공성이기 때문입니다. 바탕이 평등이 아니면 유정과 무정을 평등하게 대할 수 없습니다. 그래서 차명상의 틀을 통해 일어나는 자비심이 도리어 다르마를 깨닫게 하는 수단이 됩니다.

공성은 상호의존입니다. 상호의존은 바로 붓다의 깨달음의 내용인 연기緣起입니다. 모든 존재가 서로 의지하여 존재하는 관계이므로 분리된 적이 한 번도 없습니다. 분리되어 있지 않기 때문에 착취하거나 폭력을 사용하거나 죽일 수 없습니다. 이러한 연기의 이치를 안다면 모든 생명을 자비로 대할 수밖에 없으며 무정물까지 함부로 욕하거나 파괴할 수 없습니다. 모든 생명의 본성은 차별 없이 고르고 한결같으므로 다르지 않아 평등하기 때문입니다.

입문단계에서 수행자는 지각 있는 모든 존재를 대할 때 자기의 업業 만큼의 평등을 이해만 하여도 자기와 인연 있는 존재들에 대해 더 친밀감을 가질 수 있습니다. 아직 다르마에 대한 지혜는 없습니다. 단지 자비심으로 모든 생명을 반연할 뿐인 중생연자비衆生緣慈悲입니다. 그렇지만 중생연자비에서 차명상을 통하여 상호의존, 무상, 고, 무아, 공에 대한 이해가 익어지고 체험이 분명해지면서 지각 있는 존재들을 상호의존, 무자성, 공 등 법으로 생명을 보기 시작합니다. 즉 체험적으로 평등으로 대하기 시작하는 법연자비法緣慈悲, 법연자비에서 한발 더 나아가면 주객이 사라진 공성 하나로 꿰뚫어 보는 지혜와 공성에 입각한 자비삼매 속에서 주객이 사라진 진정한 평등을 깨닫습니다. 그래서 인식대상이 없는 무연자비無緣慈悲라는 최상의 경계를 모든 명상에서 실천하게 됩니다. 이 무연자비를 차명상으로써 성취하는 방법이 바로 자비다선입니다. 결과적으로 차명상의 틀이 작용하여 자비심을 일으키게 합니다. 자다선慈茶禪 비다선悲茶禪은 이러한 차명상의 특징을 더욱 잘 보여줍니다.

제5장

차명상의 수행단계

진리를 깨치거나
못 깨치거나 상관없이
이 세계는 원래 깨달음의 세계입니다
깨친 이는 습관성인 업에서 벗어나
창조적 삶을 살아갑니다

인과법칙

수행에서 동기는 무척 중요합니다. 생명의 괴로움을 자각하면 수행하고자 하는 동기가 일어납니다. 이 동기가 바로 모든 생명, 모든 사람들을 괴로움에서 벗어날 수 있도록 돕고 그러기 위해 지혜를 일깨워 수행함(발보리심發菩提心)으로 이것이 원인이 되어 깨달음이라는 결과를 이룹니다. 따라서 수행은 모두 인과로 이루어져 있습니다.

수행의 출발을 인지因地라고 하며, 수행의 끝인 깨달음은 과지果地라고 합니다. 수행의 출발에서 괴로움을 자각하고 여기서 벗어나고자 깨달음을 구하면서 모든 생명을 괴로움으로부터 구하겠다는 서원을 세우는 것은 바로 보리심을 일으키는 것입니다. 이것이 수행의 동기입니다. 땅(地)은 마음을 비유한 것입니다. 땅에 씨앗을 뿌리면 싹이 트고 줄기와 잎이 자라고 꽃이 피고 열매를 맺듯이 마음 땅에 보리菩提의 씨앗을 심으면 반드시 깨달음의 꽃이 피고 깨달음의 열매를 맺습니다.

열매가 저절로 익어가는 과정에서, 즉 인지에서 과지까지의 수행단계 과정에서 경鏡-환幻-공空-화華의 네 단계가 있습니다. 그러므로 수행은 인과 자체이며 인과로 이루어져 있습니다.

원인은 반드시 결과를 이끌어냅니다. 사마타관과 위빠사나관의 알아차림과 상상력, 사유, 자비의 감정, 생각 등이 수행 동기를 도와 단속함·고요함·지혜의 세 가지 배움을 일으키고 삶과 죽음의 괴로움에서 벗어나게 하는 결과를 가져오게 합니다.

자비다선은 모두 열두 가지 종류의 기본적인 명상이 있습니다. 자비다선에는 혼자서 하는 다선과 함께 하는 다선이 있습니다. 혼자서 하는 다선에는 명상도구를 이용하는 다선과 명상도구가 없이 하는 다선이 있습니다. 함께 하는 다선에는 죽비 신호로 시작하는 다선과 길잡이 명상언어의 안내로 대중과 함께 하는 다선이 있습니다.

세 종류의 명상 유형

명상에는 세 종류의 유형을 이야기할 수 있습니다. 첫째는 대상을 해석, 분석하거나 분별하지 않는 방법입니다. 그리하여 무거운 짐을 내려놓듯 계획하고 고민하고 원하는 모든 것, 즉 생각을 내려놓는 것입니다. 둘째는 자기 중심주의적인 이기적이고 배타적인 마음을 상대방 중심인 자비심으로 전환하는 것입니다. 셋째는 무상·고·무아·공성의 지혜로 번뇌를 제거하는 것입니다.

내려놓는 것은 대상에 감정, 생각을 덧붙이거나 다른 것과 결부시키지 않고 있는 그대로 집중하여 대상으로부터 마음을 챙기는 것입니다. 대상으로서 이미지를 떠올리는 것은 산란하고 산만한 마음을 하나로 모으고 들뜨고 흥분되는 마음을 가라앉히는 효과가 있습니다. 전환한다는 것은 부정적인 감정을 긍정과 소통의 자비감정으로 전환하는 것입니다.

즉, 내려놓는 것과 전환하는 것은 마음의 고요함을 얻게 하는 사마타관觀에 해당합니다. 그리고 무상·고·무아·공성의 지혜로 번뇌를 제거하는 것은 무지를 없애고 번뇌의 뿌리를 잘라내는 위빠사나관觀에 해당합니다. 이것은 내려놓을 것도 없게 합니다. 자비다선의 행다선을 비롯하여 화두차까지 열두 가지 명상법도 이 범주에서 벗어나지 못합니다.

명상의 단계로서 경환공화

이 세 가지 유형의 자비다선의 수행단계는 경鏡 → 환幻 → 공空 → 화華의 과정을 거쳐 마음을 전환하고 깨달음을 얻어 대자유인이 되는 것입니다. 경환공화는 마음의 본래 깨달음인 청정성으로서 모두 다 거울에 비유되는 네 가지 거울입니다. 경도 거울이며, 환도 환경幻鏡, 공도 공경空鏡, 화도 화경華鏡입니다. 이 네 가지 마음 거울은 마음에 갖추어져 있는 무한 잠재력과 무한 가능

성이기도 합니다. 그러나 차명상을 통해 무한 잠재력과 무한 가능
성이 계발되는데 그 단계가 경환공화입니다.

1. 경鏡

무분별의 거울이여
마주치는 경계마다
알아차림으로 깨어나니

느끼려고 하지 않고
감정 덧붙이지 않고
생각 덧붙이지 않고
의미 부여하지 않고
다른 것과 결부시키지 않고
없애려고 하지도 않도다

드디어 말과 생각이 멈춰
무분별의 거울이 생겨
모든 것이 고정 분리 실체로 보이는
모양이 사라지네

거울이여

더러운 모습이 와도 싫어하지 않고

깨끗한 모습이 와도 좋아하지 않네

오고 감에 분별하지 않으나

목석木石이라 하지 말라

보이는 대로 반영함이여

'나다'라고 하지만

'나'라 할 수 없으니

비추는 자者

또한 '나'가 아니네

비추고 비치는

그것 무엇인가?

무한 잠재력과 무한 가능성으로서의 마음

마음의 텅 빈 본성은 자체적으로 대상에 영향을 주는 힘이 있습니다. 비유하자면 물은 움직이는 성질이 없지만 물 자체는 무엇에든 스며드는 성질이 있습니다. 그러므로 물꼬를 터주면 물길이 생기고 그 물이 사물에 스며들 듯이 본래 마음의 텅 빈 본성을 자극하여 행하는 것이 수행입니다. 무한 잠재력과 무한 가능성을 갖춘 성품이 청정한 마음입니다. 무한 잠재력과 무한 가능성은 텅 빔과 아는 앎입니다. 특히 앎은 전환의 성격을 가지고 있습니다.

마음 본체가 지혜광명인데 지혜는 결정하는 힘이 있고, 잘못된 견해와 번뇌를 없애는 힘이 있기 때문입니다.

텅 빈 지혜는 거울에 비유할 수 있습니다. 거울같이 비추는 마음을 개발하는 것이 명상입니다. 그래서 알아차림을 하면 거울같이 비추는 마음이 나타납니다. 이 거울같이 비추는 마음이 동서남북 상하 두루 비추는 마음의 본성으로서 변조偏照를 깨웁니다.

텅 비어 있으면서 두루 비추는 거울 같은 마음은 불변입니다. 잠재되어 있는 능력으로서 불변의 마음을 드러내는 것도 경鏡 단계의 명상입니다. 텅 빈 마음은 무한 잠재력으로서 바탕입니다. 바탕의 모양은 허공에 비유되는 공성입니다. 허공은 두루 하지 않는 곳이 없다는 것에 비유되는 평등은 높낮이가 없어 텅 비어 있습니다. 이와 같이 그 어떤 것으로도 결정되어 있지 않아서 그 무엇으로도 될 수 있는 무한 가능성과 잠재력이 생기는 바탕이 아닐 수 없습니다.

텅 빈 마음은 모양과 색깔이 없습니다. 물질이 아니기 때문에 텅 비어 있습니다. 텅 빔은 상하좌우와 안과 밖이 없어 공성이면서 불변不變입니다. 대상을 아는 앎은 감각기관과 대상이 만나는 조건에 따라 일어나므로 수연隨緣입니다.[1] 그런데 수연도 독립된 것이 없으므로 자체 성품이 없는 공空입니다. 뿐만 아니라 보이고

---

1   불변은 허공에 비유되며 수연은 거울에 비유된다.

들리는 사물도 상호 의존하므로 독립된 실체가 없어 공입니다. 이름이 있고 모양과 색깔이 있는 것이 마치 실체같이 보이는 것은 모두 감정과 생각을 덧붙여서 그와 같이 보일 뿐입니다. 사람과 사물이 독립되고 다른 것과 분리되어 보이고 실체를 가지고 스스로 존재하는 것 같이 보이면 그 사람과 사물을 가지려는 탐욕과 가지지 못함에 분노를 일으키는 등 갖가지 번뇌가 일어납니다.

이러한 번뇌 망상 때문에 데이트 폭력과 가정 폭력이 일어나고 지구 온난화, 환경오염, 테러, 전쟁이 끊이지 않는 등 그 괴로움이 이루 말할 수 없습니다. 그러나 수연하는 상호의존의 관점에서 보면 모든 존재가 시간적으로 변하고, 변하는 것에는 실체하는 그 어떤 것도 없습니다. 한 마디로 무상즉공無常卽空입니다. 꿈같고 아침이슬 같고 환영과 같습니다. 소유할 수 있는 그 어떤 것도 없습니다. 탐욕의 대상, 분노의 대상은 존재하지 않기 때문입니다. 그래서 불변 수연의 텅 빈 마음을 회복하면 폭력, 환경파괴, 테러, 전쟁 등이 해결됩니다. 불변과 수연의 텅 빈 마음에는 바닷가 모래알같이 많은 훌륭한 결과를 낼 수 있는 원인들을 갖추고 있습니다. 즉, 무한 잠재력, 무한 가능성을 갖추고 있습니다.[2]

---

2   『대승기신론』 '진여 자체가 구족하고 있는 공덕의 모습(德相)'은 모든 범부와 성문 · 연각과 불보살님에 이르기까지 늘어남도 없고 줄어듦도 없으며, 앞선 때에 생겨난 것도 아니고 뒤에 없어지는 것도 아니며, 절대적으로 항상 하다. 원래부터 진여본성이 모든 공덕을 만족하고 있는 것이다. 그러므로 진여 자체에 크나큰 지혜광명이 있다는 뜻이 있으며, 온 세상을 다 비춘다는 뜻이 있으며, 참되게 알아차린다는 뜻이 있으며, 자성이 청정한 마음이라는 뜻이 있으며, 상常 · 락樂 · 아我 · 정淨이라는 뜻이 있으며, 청량하고 변

그러나 이러한 무한 잠재력과 무한 가능성의 바탕도 무지와 번뇌 망상이라는 광석 속에 숨어있어 드러나지 않는 순금純金과 같습니다.

따라서 사물을 볼 때 견고하고 독립되어 보인다면 이는 대상이 고정, 독립되거나 분리되어 있다고 보는 생각이나 그러한 견해를 가지고 믿기 때문입니다. 그 믿음과 견해에 따른 심리가 일어날 때는 마음이 텅 비지 못하여 무한 가능성은 고집과 편협으로 바뀌게 되고 거울같이 비추는 마음이 어두워져 무한 잠재력은 숨어버립니다. 그래서 마음의 움직임을 멈추고 허공같이 텅 비우는 것이 중요하며, 알아차림으로써 의식을 깨워 거울같이 비추는 마음이 나타나게 명상해야 합니다. 이 때 무한 잠재력이 발휘되고, 무지가 지혜로, 범부가 성인으로 전환되는 무한 가능성이 실현되어 평등과 대자유의 깨달음을 이룹니다. 이와 같이 무한 잠재력과 무한가능성을 실현시키는 수단과 방법이 알아차림의 경鏡 단계입니다.

하지 않는다는 뜻이 있다고 한다. 진여 자체가 구족한 이와 같은 공덕, 곧 갠지스 강의 모래보다 많은 공덕이 진여 자체를 떠나 있는 것도 아니고 진여 자체와 단절되는 것도 아니며, 진여 자체와 다른 것도 아니며, 언어 표현을 넘어선 부사의한 것이며, 붓다의 가르침이다. 그 밖에도 진여 자체가 모든 공덕을 만족하게 갖추고 있으므로 하나라도 부족한 것이 없다. 이런 뜻에서 진여 자체의 덕상을 여래장如來藏이라고 하며 여래법신如來法身이라고 한다.(復此眞如自體相者 一切凡夫聲聞緣覺菩薩 諸佛無有增減. 非前際生. 非後際滅. 畢竟常恒. 從本已來 性自滿足一切功德. 所謂自體有大智慧光明義故. 徧照法界義故. 眞實識知義故. 自性淸淨心義故. 常樂我淨義故. 淸凉不變自在義故. 具足如是過於恒沙不離不斷 不異不思議佛法. 乃至滿足無有所少義故. 名爲如來藏. 亦名如來法身.)

마음이여

모양 없고 색깔 없어

텅 비어 허공 같아

불변不變 평등이라

남녀 사람 동물 귀신 천신

어떤 것으로도

결정되어 있지 않아

무한 능력 잠자고 있네

마음이여

텅 비어 없는 듯 하면서도

대상에 반응하는 거울 같아

무자성 수연隨緣이라

인연 따라 형상 이루니

무명의 영향을 받으면

남녀 사람 동물 귀신 천신

그 어떤 것으로도

될 수 있어

무한 가능성이라

보이고 들리는 것들이

무상無常하다는 변화의 뜻을 알고

상호의존의 연기를 알게 되면

내재하는 실체가 없어 공하다네

공의 영향을 받으면

결정력의 지혜가 본성이라

범부가 성인으로 중생이 붓다로

그 무엇으로도 될 수 있네

전환의 앎으로서 거울(鏡)

허공에 비유되는 공성이 거울의 맑고 밝음으로 작용합니다. 허
공과 같이 텅 빔과 상반되는 것 즉, 고정되어 있고 분리되어 있고
실체를 가지고 스스로 존재한다고 견고하게 생각하는 견해를 없
애려는 마음이 저절로 일어남을 말합니다. 이 일어남이 곧 영향
(훈습)입니다. 고정되어 있고 분리되어 있고 실체를 가지고 스스
로 존재한다고 견고하게 생각하는 잘못된 견해가 온갖 고통을 일
으킬 때 자신을 되돌아보게 됩니다. 그때 외부의 자극이 있으면
즉, 무상과 공성을 보여주는 자연현상이나 큰 스승의 한 말씀이나
동작의 자극이 있으면 공성이 드러나고 공성을 알고 있는 지혜가
즉각 반응하여 깨침이 일어날 수도 있습니다.

자극이란 상호의존으로 나타나므로 공성이 드러나게 되는데,
공성은 부분에 의존하기 때문입니다. 그래서 자극 자체가 공성의
현현입니다. 자극을 주고받는 자신을 되돌아보게 하는 알아차림
도 공성의 현현입니다. 현상의 실체 없음을 꿰뚫어 보는 직관과

통찰사유가 자극의 수단이 되는 이유이기도 합니다. 수단이 공성을 나타내는 것이자 공성의 현현이기 때문입니다. 왜냐하면 직관과 사유는 모두 마음의 특성인 대상을 아는 앎이기 때문입니다. 그래서 앎이 전환의 힘인 것입니다. 즉 앎의 내용이 텅 빈 공성(不變)이며 공성을 아는 앎(隨緣)도 텅 빈 공성이기 때문입니다. 그래서 마음의 본성인 텅 빈 앎인 마음거울에 대하여 공성을 아는 마음(지혜)이 직관이 되고 사유가 되어 본성인 마음거울을 알 때 깨달음이 일어납니다.

깨달음으로서의 거울(鏡)

깨달음이란 마음이 마음을 알지 못할 때입니다. 그러나 그렇지 못할 때는 마음이 마음을 알아가면서 최종에는 마음이 마음을 알지 못하는 즉, 물에 물을 타듯이 주객의 마음이 사라질 때, 텅 빔이 드러나서 중생과 부처가 평등하고 우주 법계가 하나임을 깨달아 지혜의 몸을 이룰 때가 깨달음입니다. 경鏡 단계란 이제 마음이 마음을 알아가는 첫 단계입니다. 마음의 텅 빈 앎의 거울로서, 무한 잠재력과 무한 가능성이 아직 나타나지 않는 단계이면서 거울을 통해 접촉(자극)이 시작되는 단계이기도 합니다.

마음 거울(鏡) 속에서의 사띠(sati)

거울(鏡)은 몸과 마음의 현상을 알아차리고 사유 관찰하는 것이므로 관觀에 비유됩니다. 관은 현상을 본다는 뜻입니다. 사띠

(sati)가 익어지면 찰나삼매가 일어나고 찰나삼매가 생길 때 관찰(anupassī)이 이루어집니다. 사띠에 의해서 관찰이라는 마음거울이 나타나지만 도리어 이 관찰 속에서 사띠가 작용하게 되고 분명한 앎과 바른 앎도 일어납니다. 그리하여 모두 관觀이라는 영역에서 함께 작용합니다.

사띠(sati)의 번역어로서 알아차림은 현상을 '기억하다' '정신 차리다'의 뜻이 있으며, 즉각 안다는 뜻이 있습니다. 머리로 생각해서 아는 것이 아니라 직관直觀입니다.

'기억'은 마음에 새기는 것입니다. 잊어버리지 않는 것입니다. 과거의 사물에 대한 것이나 지식 따위를 머릿속에 새겨 두어 보존하거나 되살려 생각해 냅니다.

'정신 차림'은 명료한 의식 상태를 뜻합니다. 깨어 있어야 기억이 잘 되기 때문입니다. 알아차림의 '차림'은 정신 차린다는 것을 말합니다. 알아차림의 '앎'은 비언어적인 앎일 수 있습니다. 이 비언어적인 앎은 말과 생각이 일어나기 전의 본래적이라는 것입니다. 『대승기신론』에서는 마음을 물에 비유합니다. 경계의 바람이 불면 마음에 파도가 일어납니다. 대상에 부딪히는 물결이 앎으로 작용하고 그 정보는 기억으로 저장됩니다. 약한 자극은 기억으로 남지 않거나 단기기억으로 끝납니다. 그러나 인상적이거나 강한 자극은 기억으로 남습니다.

일반적으로 어떠한 것을 알게 되면 그것은 기억으로 남습니다.

기억은 과거에 머물러 있습니다. 잠재되어 있는 기억정보가 현실로 나타나려면 현실세계로 나타나게 하는 그 무엇이 있어야 합니다. 그것이 대상을 아는 앎입니다.

즉, 기억한다는 것은 앎이 전제되는 것입니다. 또한 기억은 앎을 결정합니다. 말을 배우는 아이에게 어머니가 처음 보는 사과를 주면 먹는 것인 줄 모르고 굴리거나 던질 수 있습니다. 이때 어머니가 이것은 사과라고 이야기해주고 먹는 것을 보여주면 사과에 대한 기억정보가 심어져서 다음부터 사과라는 말을 듣거나 비슷한 것을 보면 사과라는 것을 압니다. 이와 같이 기억과 앎은 서로 의지하여 과거와 현재를 연결시켜주는 징검다리 역할을 합니다. 명상을 지속적으로 할 수 있는 이유이고, 명상의 결과를 얻을 수 있는 까닭이기도 합니다.

그런데 명상을 이어갈 수 있는 기억과 앎의 바탕이 있습니다. 그것은 대상을 보는 것에 의해서 앎과 기억이 일어나기 때문입니다. 이 봄은 마음의 본래적인 성품으로서 거울같이 비추는 것입니다. 『대승기신론』에서 본래 깨달음인 마음의 본성을 거울에 비유합니다. 그래서 보는 것은 본래적이라는 것입니다.

앎과 기억은 순환적으로 하나입니다. 모두 거울같이 비춰보는 봄 속에서 이루어집니다. 사띠(sati)에 의해서 일어난 관찰(anupassī)이 중심이 되어 이 관觀 속에서 사띠, 찰나삼매, 분명한 앎, 바른 앎이 작동함을 알아야 합니다. 때문에 집중명상인 사마타명상을 사마타관觀, 이를 번역하면 지관止觀이라고 하고 분석명상인 위빠사나명상을 위빠사나관觀, 또는 관관觀觀이라고 번역하는 데서 알 수 있습니다.

거울같이 비추는 관觀 속에서 작용하는 알아차림(sati)에 의해서 다양한 경험을 할 수 있습니다. 『상윳따 니까야』에 의하면 호흡에 집중하고 관찰할 때 몸과 마음에서 일어나는 현상을 거울같이 비춰보면서 알아차림(sati) 하면 체험의 결과로 ①대상에 대해 경험합니다. ②몸의 반응이 고요하게 가라앉습니다. ③기쁨(희열)을 경험합니다. ④행복을 경험합니다. ⑤마음의 작용(心所)을 경험합니다. ⑥마음(心王)을 경험합니다. ⑦마음을 만족하게 합니다. ⑧마음을 집중합니다. ⑨마음을 해탈케 합니다. ⑩무상無常을 관찰합니다. ⑪탐욕이 사라짐을 관찰합니다. ⑫소멸을 관찰합니다. ⑬버림을 관찰합니다.[3] 그러므로 '①대상에 대해 경험합니다'부터 '⑨마음을 해탈케 합니다'까지는 사마타관입니다. 그리고 '⑩무상無常을 관찰합니다'부터 '⑬버림을 관찰합니다'까지는 위빠사나관입니다.

명상 수단으로서의 거울(鏡)

대부분의 사람들은 자기가 하는 일을 자신이 모르고 습관적으로 살아가고 있습니다.

---

3   『상윳따 니까야』의 「하나의 법 경」(SN 54.1)

마음이란 술 취한 코끼리에 비유됩니다. 술 취한 코끼리 같은 자기 자신을 거울같이 비춰보지 않으면 자기 마음을 길들일 수 없습니다.

자기를 비춰보지도 못하면서 거친 마음이 나타나면 자기도 다치고 남도 다치게 됩니다. 감정, 생각, 느낌, 의도가 부정적이라면 삶이 부정적인 방향으로 흘러갈 수밖에 없습니다. 술 취한 코끼리 같은 내부의 마음을 길들일 수 있도록 자각하는 알아차림이 곧 관이며, 거울이 되는 것입니다. 즉, 알아차림이 잠재되어 있는 마음 본성의 비춰보는 거울로 나타나게 합니다. 마음거울이 나타나면 대상 전체를 인식하게 되고, 거울은 자기를 비추어 볼 수 있습니다. 자신의 마음거울로 자기를 비추어볼 수 있다는 것은 경이로운 일입니다.

거울은 있는 그대로 비추는 특성이 있습니다. 거울은 반조返照함을 비유한 것이며, 법(현상)을 듣고 사유하며 수행하는 그것입니다. 더는 나눌 수 없고 분해할 수 없는 궁극적인 것을 다르마(dharma ; 法, 진리)라고 합니다.

이 다르마를 들음과 다르마에 대한 사유가 거울(鏡)이 되며, 몸과 마음의 현상을 '변하지 않고 영원하다', '즐거움이다', '자아다'라고 생각하지 않습니다. 무상無常하고, 괴로움이며, 자아 없음이며, 궁극적으로 '공성空性의 다르마'로 바르게 알아차리는 것이 거울이 됩니다.

즉, 듣고, 사유하며, 닦음(聞思修)에서 비로소 명상(修)의 시작인 거울(鏡)이 됩니다. 행다선은 이 알아차림의 거울을 애쓰지 않고도 알아차림이 되도록 익히는 명상을 주로 합니다. 그리고 차명상의 다선법 모두가 이 알아차림의 거울을 바탕으로 하고 씁니다.

알아차림의 거울은 이미지를 연상하여 지켜보며, 현상이 원인과 조건으로 일어나고 사라지는 것을 바로 볼(直觀) 뿐만 아니라 사유 분석할 수 있습니다. 이와 같이 관에 의해 고요함(定)과 지혜가 생기고, 궁극에는 고요함과 지혜가 하나가 되어 일어나는 깨달음을 얻습니다.

텅 빈 마음거울이여

비추는 힘 때문에

밖으로 동시에 안으로

비추고 비치도다

마음이 마음을 알게 하네

마음이 마음을 알아갈 때

마음 텅 비어가고 칼날 같은 지혜 번쩍

일어나는 번뇌 망상 아침이슬처럼 사라지네

주객의 마음이 서로 모를 때

텅 빈 마음이여

무한 잠재력 무한 가능성

평등으로 우주 법계가 하나로 꽃 피우네

2. 환幻

세상은 물에 뜬 달

보고 느끼는 것 없음 아니니

현상 없다 착각하지 마라

머리 속 생각과 말에 의지하여

허공虛空 속 꽃처럼 존재한다네

환이여

다시 한 번 거울 속 미인美人이로다

마음거울에 나타나는 모든 것은 환영과 같다고 아는 지혜(거울 작용)가 나타나기 때문에 환幻의 단계입니다.

환이란 곧 마음의 현상입니다. 이것은 관을 통해 이해해야 합니다. 몸과 마음을 관찰하는 사마타관과 위빠사나관을 하면 몸과 마음의 여러 가지 현상이 생기는 것을 봅니다. 환이란 존재하지 않는 것을 마치 있는 것처럼 비춰서 실재한다고 생각하게 합니다.

예를 들면, 물에 뜬 달은 선명하여 있는 것 같으나 그 달을 손으로 건져 낼 수 없는 환임을 아는 것과 같습니다. 이와 같이 무상·고·무아로 세상을 바라보았을 때 보이는 모든 것을 환과 같음으로 이해하는 지혜가 생깁니다. 모든 현상을 거울에 비추어 볼 줄 알게 되면 거울에 비친 것은 다 환幻인 줄 알게 되고, 그 현상은 밖으로 버릴 수 없고 끌어 낼 수도 없으므로 자기 뜻대로 조절할 수 없고, 실체 없음을 알게 됩니다.

그러므로 내 마음이 거울이 되면 모든 것이 실재하지 않는다는 것을 알게 되고, 모든 것은 변한다는 것을 알 수 있습니다. 변한다는 것은 곧 죽음이라는 두려움으로 연결됩니다. 변하는 것은 고통이지만, 그 고통의 주체나 실체를 찾을 수 없기 때문에 무아이며 공임을 알게 됩니다. 그리고, 환이라는 것은 허무도 아니요 절대도 아닙니다. 대상도 환이고 거울도 환이어서 환으로써 환을 제거한다는 것을 알게 됩니다.

여기서는 환幻을 통해 환인 줄을 명확하게 보고 아는 것입니다. 즉, 환이 중생구제의 원리가 되며 심지어 수행방편으로써 이미지를 연상하는 것도 하나의 환인 줄 알고 하는 것입니다. 수행은 환으로써 환을 제거하는 것이기 때문입니다.

이 환의 단계에서 진리를 들음과 이치를 사유함과 궁극적인 것을 관찰하여 얻는 이 세 가지 지혜거울에 나타나는 세계는 고정되어 있지 않고, 분리되어 있지 않고, 스스로 존재하지 않으며, 유무가 아니듯이 이러한 고정, 분리, 유무 등의 잘못된 견해를 소멸시키는 지혜가 생깁니다. 즉, 무분별의 거울로 대상을 비출 때 진실을 바로 보는 지혜가 생기는 것입니다. 그래서 마음 거울에 의지하여 있는 그대로 환임을 보는 것입니다.

알아차림이여
거울 만드니 마음이구나
비친 모든 것이여
허공에 핀 꽃이네

환 그대여
이 또한 마음의 모습임을 인도하니
본모습의 마음이여
거리감距離感 잊어버려
눈 앞에서 잡힐 듯 하네

3. 공空

땅을 파면 판 만큼 허공이 나타난다
땅을 파거나 안 파거나 그 자체가 공이다

찻잔을 부수어 가루로 만들고
후 불면 찻잔은 허공이다
찻잔을 부수거나 안 부수거나
환幻 같음을 알아 그대로 공이다

공의 뜻은 깨달음의 뜻입니다. 허공은 단지 공성空性의 비유에 지나지 않습니다. 여기서 환을 관하여 공을 체득하는 것입니다. 우리가 살고 있는 세계가 환과 같은데 환을 통해 깊이 들어가면 안과 밖이 없습니다. 그리하여 환의 단계에서 체험한 무상·고·무아의 삼법인三法印이 곧 자신의 마음이며, 이 마음은 곧 공이며 이 마음 공의 지혜로 모든 현상도 곧 처음과 끝이 없는 공임을 깨쳐가는 단계입니다. 즉, 경鏡의 안과 환幻의 밖이 모두 공임을 깨치는 단계입니다. 물에 물을 탄 것과 같고 마음이 마음을 보지 못하여 두루 비추는(偏照) 궁극의 단계입니다. 마음 하나로서 다른 경계가 없는 경계입니다. 모든 현상은 마음의 투사이기 때문에 곧 마음의 현상임을 거울 같은 관을 통해 이해합니다.

예를 들어, 거울 또는 바람 한 점 없이 고요한 호수에 나타난 사물은 선명하며 그것이 가고 옴이 없고 실체가 없어 환이자 공임을 깨달아 너와 나, 이것과 저것의 경계선이 사라진 무경계無境界, 무분별無分別, 무상無相, 무조작無造作, 무인무중생無人無衆生의 각성이니 이를 아는 것이 지혜이며 곧 깨달음의 경계입니다.

모든 것 마음의 투영이며 환幻이라
환을 보는 것은 마음을 보는 것
안과 밖이 없는 마음이 공空이로다
공을 아는 지혜여

공과 짝을 이루어 물에 물 탄 듯하니
무경계無境界 무분별無分別이라
공 또한 공하도다
허공에 햇빛 가득함이여

언어문자 따라 생각 따라
세상과 삼라만상 우주 나타나니
마음 공 관觀하여 대자유인 되리

4. 화華

꽃이여
꽃잎의 중첩
부분이 곧 전체요
전체가 부분이로다

꽃이여
앎의 가고 옴의 바람이며
아름다움의 뿜어냄이고

꽃이여
그물망이며 공성의 외침이며

꽃이여
안과 밖의 모든 속박의 벗어남이며
깨달음의 표현이다

화華란 깨달음의 표현이며 진리 자체를 비유한 것입니다. 우리가 살고 있는 이 자리가 그대로 깨달음의 세계라는 것입니다. 닦아서 얻어지는 것이 아닙니다. 깨달음의 꽃은 반드시 열반이라는 열매를 맺게 합니다. 깨달음의 결과를 가져오므로 화華입니다. 그리고 꽃이 피면 열매가 맺듯이 고통 받는 중생을 구제하는 것이 화입니다. 즉, 안의 명상과 밖의 중생구제 모두가 깨달음의 표현으로, 바로 이 화華의 경계를 말하는 것입니다.

그리고 꽃의 꽃잎들은 관계성의 중첩을 보여줍니다. 그래서 생명의 상호의존성과 세계의 상호의존相互依存, 연기緣起를 보여주기 때문에 깨달음의 표현이며 화華입니다. 공이면서 관계성으로 형상을 이루며 또한 하나 된 모습입니다.

공에는 불변(不變,공空)과 수연(隨緣, 불공不空)의 뜻이 있기 때문입니다. 이 불변과 수연은 둘이 아니고 제일의공第一義空이라 하며 마음 청정입니다. 깨달음이 일어나면 마음은 본연의 모습을 드러내니 그대로 청정이며 일미一味라는 뜻입니다.

즉, 궁극적으로 무명이 타파되어 드러난 세계는 공성空性, 불성佛性의 현현이며 현상으로는 거듭거듭 다함이 없는 그물 같은 관계망(중중무진법계重重無盡法界)으로 나타나므로 일체 모든 것이 그대로 불생불멸不生不滅인 것입니다. 그러므로 환과 공이 같음이 드러납니다. 환이 곧 현실의 삶이라는 것입니다.

진리를 깨치거나 못 깨치거나 상관없이 이 세계는 원래 깨달음의 세계입니다. 깨달음의 꽃을 피우기 위하여 내적으로는 공을 깨치는 지혜를 얻는 수행과, 밖으로는 어렵고 힘든 이들을 도와 고통에서 벗어나게 하면서 행하는 자비의 실천수행인 환관幻觀, 대비관大悲觀 모두 깨달음의 표현으로 꽃입니다.

깨달음의 표현인 꽃은 꽃잎의 중첩, 즉 중중무진 법계연기입니다. 연기는 늘 새롭게 창조됨을 뜻합니다. 즉, 원인과 조건의 만남이 연기이며 이 만남은 늘 새로운 현상을 발현하므로 모든 것은 똑같은 것이 하나도 없이 늘 새롭게 창조되는 것입니다. 깨친 이는 습관성인 업에서 벗어나 창조적 삶을 살아갑니다. 많은 이들이 이러한 진실을 모르고 자신이 창조한 것에 집착하여 고뇌하므로 이러한 미혹한 이들을 일러 중생이라 합니다. 창조물은 곧 마음의 투영이므로 환영이며, 환영은 실체가 없다는 점에서 곧 삶의 진실임을 알아야 합니다.

꽃이여
공의 깨달음이며
꽃잎의 상호의존이여
진리의 표현이로다

보리菩提의 씨앗이여
중생 가슴 속 부처의 싹 틔우니
유정有情이 붓다로다

보리심이여
불 속에서 피어나는 연꽃이로다

경鏡 → 환幻 → 공空 → 화華의 네 가지 단계는 모든 다선 차 명상에 해당됩니다. 색 한마음 다선에서 경鏡은 명상찻잔의 찻물이 되비추어 보여주는 거울에 비유됩니다. 환幻은 명상찻잔의 찻물에 비치는 현상이 환영임을 나타내는 것에 비유됩니다. 공空은 찻물 색의 투명한 허공 같음에 비유되며 화華는 명상찻잔의 연꽃 모양과 연꽃문양에 비유되듯이 마음이 연꽃처럼 열리고 깨어나는 것을 나타냅니다. 특히 깨어나는 화華의 경지는 깨달음과 진리

자체를 표현한 비유이며 수행자이면서 생명들을 도와주는 스승
으로서 활동이며, 구경의 깨달음을 얻는 성취자의 활동입니다. 이
비유는 곧 다선일미茶禪一味의 경계를 표현한 것입니다.

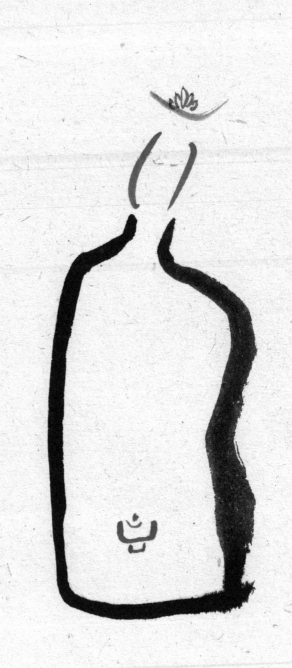

제6장

일각一覺의 다실 명상

깨달음은
꿈에서 깨는 것에 비유할 수 있습니다
꿈이란
번뇌로 인한 괴로움에 둘러싸인 현실 세계이고
깨고 나면 실체가 없습니다
꿈에서 깨어나려는 노력이 명상수행입니다

일미一味를 깨닫는 일각一覺의 다실

'일미를 깨닫는 일각의 다실 명상'의 본래 취지는 출발과 목적지에 이르는 깨달음의 이정표를 알게 하고 깨쳐가는 과정을 익히기 위해서입니다. 물론 익히는 과정 속에서 깨달음을 얻는다면 이보다 좋을 수 없습니다.

출발점의 다실과 목적지의 다실은 같은 다실입니다. 다실은 우리가 살고 있는 괴로움의 세계이지만 동시에 다실을 통해 이해가 생기면 출발하는 다실의 경鏡 단계에서 → 환幻 → 공空 → 화華의 목적지는 같은 다실입니다.

또한 다실은 마음의 본성을 표현한 것이며[1], 법계法界의 다른 표현임을 알게 됩니다. 깨달음은 우리의 일상 밖에 있는 것이 아

---

1   『대승기신론』에 마음의 본래 성품을 성정본각性淨本覺이라 한다. 성정본각은 거울과 허공에 비유되는 네 가지 거울로 설하고 있다. 여실공경 · 인훈습경 · 법출리경 · 연훈습경이다. 차례로 공성, 지혜, 깨달음, 선지식이다. 또한 경환공화이기도 하다.

니라 현재의 삶이 그대로 깨달음입니다. 과거는 지나가서 없고 미래는 오지 않아 없습니다. 현재도 순간순간 머물지 않습니다. 현재 순간만이 삶의 전부인 것입니다. 이 상태에 이르면 눈을 뜨거나 감거나 상관없이 의식은 깨어 있습니다. 일체 모든 것은 자체성품이 없어 공함을 알고 생멸하는 생각과 잘못된 기억은 없습니다.

진실을 깨닫기 전에는 번뇌가 있고 괴로움이 있습니다. 명상을 하더라도 순서가 있고, 경지가 있습니다. 그러나 깨치기 전이라도 일체 모든 것의 공통되는 것으로서 자체 성품이 텅 비어 공空하다는 하나와 텅 빔이라는 하나의 맛인 일미一味의 이치(理)는 번뇌도 괴로움도 순서와 경지가 없음을 알아야 됩니다. 본래부터 생로병사가 없으며, 깨치고 못 깨침도 없습니다. 본래부터 깨달음 하나이기 때문입니다. 그래서 일각一覺이라고 하는 것입니다. 이와 같은 이치가 사실인지 확인하는 것이 명상이며, 이와 같은 이해를 의지하여 체험하는 것이 명상입니다.

이理라는 명상 대상을 파악하는 인식 수단도 어떠한 전제도 없어야 합니다. 전제가 있다면 그 전제에 의한 결과가 생깁니다. 그래서 대상을 인식하는 수단도 어떠한 전제 없이 작용하는 알아차림이라는 직관, 원인과 조건의 일어나고 사라지는 현상을 분석 사유하는 추리, 이 두 가지입니다. 직관과 추리를 도와주는 환경으로서 상상과 스토리가 있습니다. '일각의 다실 명상'은 이와 같이 일체 모든 것의 진실을 알게 하는 명상입니다.

일각의 다실명상에는 네 개의 명상정원이 있습니다. 경 단계인 알아차림의 명상정원. 환 단계인 사유통찰의 명상정원. 공 단계인 깨달음의 명상정원. 화 단계인 자비다선의 명상다실입니다. 자비다선의 명상다실도 명상정원입니다. 출발지인 다실에서 목적지인 다실에 이르는 깨달음의 과정에서 네 개의 명상정원을 지나면서 정신적인 수준이 달라지게 됩니다. 깨달음은 꿈에서 깨는 것에 비유할 수 있습니다. 꿈이란 번뇌로 인한 괴로움에 둘러싸인 현실세계이고, 깨고 나면 실체가 없습니다. 꿈에서 깨어나려는 노력이 바로 명상수행입니다.

꿈에서 깨어나는 비유를 통하여 생사하는 인생의 긴 꿈에서 벗어나는 방법을 몽관夢觀이라 하고, 4단계의 깨달음의 과정을 가집니다.

첫 단계인 경鏡 단계는 범부 수준의 깨달음인 범부각凡夫覺입니다. 지나간 행위에 대한 반성입니다. 꿈속에서 자기의 몸이 큰 강물에 떠내려가는 것을 봅니다. 이것이 꿈속의 마음이 만든 것임을 알지 못하고 실제로 물에 빠져 떠내려가는 것으로 알아 크게 두려워합니다. 꿈속에서 물에 떠내려간다고 두려워하는 이것이 꿈인 줄 깨닫지 못하는 것은 불각不覺입니다. 그리고 물속에서 필사적으로 벗어나려고 노력하는 것은 범부의 깨달음입니다. 생사生死의 긴 꿈에서 인간세계의 모든 고통인 팔고八苦[2]에 빠져 돌고 돌아 헤어나지 못하는 것입니다.

환幻 단계는 어른과 닮은 어린아이 수준의 상사각相似覺입니다. 꿈속에서 물속에 빠졌지만 무상·고·무아·공의 이치(理)로써 죽지 않음을 알고 죽음은 꿈인 줄 알았습니다. 물속에서 벗어나려고 허우적거리는 것을 멈추고 두려워하는 마음을 내지 않습니다. 꿈속에서 다른 꿈을 꾸면서 내가 보는 바가 꿈이요 현실이 아님을 아는 것은 범부에서 벗어나는 작은 깨달음(相似覺)입니다.[3] 명상은 알아차림으로서 매순간 말과 생각과 몸의 움직임을 놓치지 않습니다. 이와 같이 알아차리면 변하는 무상과 변하므로 불만족인 고苦와 불만족스러운 것을 자기 뜻대로 할 수 없는 무아無我와 내재하는 실체가 없는 공空을 깨닫습니다. 이제 감정과 생각으로부터 자유로워집니다.

공空 단계는 꿈속에서 아직 스스로가 침상에 누워 있음을 알지 못하고 있습니다. 그러나 꿈인 줄 아는 상사각相似覺의 공삼매空三昧 속에서 머리를 움직이고 손을 흔들어 완전히 꿈에서 깨어나

---

2   팔고八苦는 생로병사의 사고四苦에, 사랑하는 것과 헤어지는 고통인 애별리고, 싫어하는 것과 만나는 고통인 원증회고, 구하여도 얻지 못하는 고통인 구부득고, 오음 즉 오온에 대한 집착에서 생기는 고통인 오음성고 등 사고四苦를 추가한 것입니다. 뒤의 사고四苦 중 삼고三苦는 외부관계에서 비롯되었고, 오음성고는 자기 자신에게서 발생하는 고통으로서 육신과 정신에 대한 집착에서 기인합니다. 팔고八苦는 결국 인간세계의 모든 고통을 뜻합니다.
3   성문과 연각, 초지初地에 이른 초발初發意 보살의 경계입니다. 생사의 긴 꿈에서 보면 모든 부처님의 훈습과 대비大悲의 힘에 의해 믿고 이해하는 마음(信解心)을 내는 것입니다.

려고 하는 어른 수준의 깨달음인 수분각隨分覺입니다. 즉, 주객이 없어 모든 것이 평등하다는 공성을 깨닫고 공삼매空三昧 속에서 궁극적인 깨달음으로 나아갑니다. 생사의 긴 꿈에서 보면 모든 것을 꿈과 같이 보는 몽관夢觀으로 여몽삼매如夢三昧를 얻는 경지이기도 합니다. 여몽삼매如夢三昧를 이룰 때 무생법인無生法忍을 얻게 됩니다.[4]

화華 단계는 궁극의 깨달음인 구경각究竟覺입니다. 완전히 잠에서 깨어났을 때에 앞의 꿈 인연을 자세히 살펴보면 물과 떠내려가는 나의 몸이 모두 꿈속의 일이라 꿈에서 깨고 보니 존재하지 아니하고, 처음부터 고요히 침상에 누워 있었다는 사실을 알게 됩니다. 생사의 꿈에서 깨어나려고 아주 미세한 최초의 움직이는 생각을 알아차려 보니 처음부터 마음의 움직이는 모습이 없음을 깨닫습니다. 구경각究竟覺의 깨달음으로서 붓다의 경지입니다. 생사의 긴 꿈에서 보면 오직 마음뿐 다른 경계가 없는 한 마음(一心)의 자체성품이 텅 빈(空) 일여一如의 상床에 누워 있음을 아는 것입니다.

이와 같이 일미一味를 깨치는 차명상은 꿈에서 깨어나게 하는

---

4   꿈을 깨려고 몸을 움직이는 것은 어른 수준의 큰 깨달음(隨分覺)으로 법신法身보살의 경계입니다.

깨달음이며, 이 차 명상단계는 자량도資糧道→가행도加行道→견도見道→수도修道→구경도究竟道의 수행단계와 같습니다. 복과 지혜를 식량으로 삼는 자량도에서 번뇌를 끊기 위해 다시 힘을 내어 수행하는 경지인 가행도에 이르는 경鏡의 단계, 가행도에서 주객이 없고 평등을 깨닫는 견도는 환幻의 단계, 견도에서 잠재적인 성향을 가진 번뇌를 끊어가는 수도는 공空의 단계, 수도에서 미세한 최초의 한 생각도 사라진 궁극인 구경도는 화華의 단계입니다. 구경도 이후도 화의 경계입니다.

깨쳐가는 단계를 모르고 명상한다면 명상자 본인이 진전이 있는지, 다른 길로 가고 있는지 모르기 때문에 자칫 명상에 착각과 왜곡이 있을 수 있습니다. 그래서 길과 출발과 과정과 목적지를 명확하게 알고 가는 것이 중요합니다. 뿐만 아니라 명상에 방해가 되는 것이 무엇이고 도움이 되는 것이 무엇인지 알면 지혜가 생겨 깨달음을 얻을 수 있습니다. 차 명상에서 이러한 문제를 해결하기 위해 '일각의 다실 명상'이 있습니다.

깨달음의 자리에 비유되는 차실茶室은 상상력으로 차실을 시각화하여 생생하게 꾸미는 것입니다. 마치 꿈속에서 시간과 공간을 초월하듯이 상상의 세계도 이와 같습니다. 즉, 유마거사의 방 같이 상상의 신통력으로 '일각의 다실을 꾸미고 일미一味를 깨닫는 명상'을 합니다. 그러므로 '일각一覺의 다실 명상' 속에서 이루어지는 다양한 차명상도 모두 상상 속에서 이루어집니다.

명상정원에서 이루어지는 다실의 아홉 가지 뜻 새기기

다실의 아홉 가지 뜻 새기기 명상은 다실에서 집을 떠올리고 집에서부터 깨침의 다실에서 차를 마시기까지의 모든 과정의 이미지를 상상하여 진행하는 명상입니다. 이러한 명상은 수행의 결의를 다지는 동력으로 작용하며 출발과 목적지에 이르는 길을 미리 아는 깨달음의 지도의 역할을 합니다. 이 지도는 잠재된 무한한 가능성에 자극을 주며 삶과 죽음의 괴로움을 일으키는 무지와 번뇌를 소멸하게 합니다. 또한, 이 지도에 새겨진 길은 밖에서 안으로, 형상에서 무형상으로, 현상에서 본성으로 들어가게 하는 길입니다.

이 명상을 진행하는 방법은 다음과 같습니다. 명상을 시작하기에 앞서 전체 이미지를 먼저 떠올립니다. 전체 이미지를 떠올려서 전 과정의 뜻을 이해하고 난 뒤에는 집에서부터 깨달음의 방으로 이어지는 전 과정의 이미지를 한눈에 들어오게끔 시각화합니다. 시각화가 잘 안될 때는 반복해서 해보는데, 반복하는 것은 번뇌를 잠재우고 집중력을 키우며 깨달음의 이치와 그 과정을 이해하게 해줍니다.

다실의 아홉 가지 뜻 새기기 명상은 모양과 색깔이 없는 마음의 영역에 없던 길을 내고 길을 가르쳐 주는 표지판 역할을 합니다. 표지판이 마음의 길을 가게 하는 이정표가 됩니다. 또한 이정표가 표지판 역할을 했던 마음의 뜻을 드러냅니다.

이정표에는 네 개의 명상정원을 지나가는 자량도 – 가행도 – 견도 – 수도 – 구경도의 다섯 단계가 있습니다. 이 이정표를 따라 길을 가다보면 아홉 가지 뜻을 알게 됩니다.

알아차림의 명상정원에서

첫째, '죽음 명상'을 통하여 생사의 괴로움에서 벗어나 불사不死를 얻고자 하는 의욕을 일으킵니다.

둘째, 서원을 세워 명상의 동기를 분명하게 하여 보리심이 일어나도록 합니다.

셋째, 명상하는 본인의 심리를 비춰볼 수 있는 거울로서 자기의 심리를 알게 합니다.

넷째, '이미지로 차 마시는 오감 알아차리기 명상'을 통하여 알아차림의 힘을 키우고 '걷기선禪 명상'을 합니다. 걷기선 명상을 통하여 명상정원에서 명상의 방해꾼이 누구인지 알게 합니다.

다섯째, '색향미 감로차 마시기 명상'을 통하여 명상으로 마음의 시냇물을 건너갈 때 마음을 어떻게 전환하여 선정과 지혜가 계발되는지 알게 합니다.

사유통찰의 명상정원에서

여섯째, 관계성 통찰은 깨달음을 어떻게 얻는지 알게 합니다.

깨달음의 명상정원에서

일곱째, 공성의 빈 마당을 지나고 구경도의 다실로 들어가서 구경의 깨달음을 얻는 것은 모두 공삼매空三昧 속에서 깨달음의 과정이 이루어진다는 것을 알게 합니다.

자비다선의 명상정원에서

여덟째, 오감 알아차리기 명상과 색향미 감로차 마시기 명상 등의 자비다선 모든 차명상이 일각의 다실 명상의 경환공화의 과정을 갖추고 있습니다. 그러므로 오색차 명상이든 색 한마음차명상이든 모두 깨침의 다실에서 실행될 수 있습니다. 깨침의 다실은 일미一味를 깨닫는 일각다실 명상으로서 깨달음의 지도地圖입니다. 스토리가 있는 대표적인 명상입니다. 또한 깨침의 일각다실 명상을 하고 깨침의 다실에서 부모님을 초대하고 친구와 존경하는 분을 초대하여 사랑을 키우는 자다선慈茶禪과 관계가 불편한 친구나 감정 상하게 하는 직장 동료 등을 초대하여 연민심을 키우는 비다선悲茶禪 명상을 하면 고귀한 마음인 사랑과 연민심이 계발됩니다.

아홉째, 다실의 아홉 가지 뜻 새기기 명상의 과정은 생로병사가 없는 불사不死의 이치(理-法)를 드러나게 합니다. '다실의 아홉 가지 뜻'은 네 개의 명상정원에서 수행하는 각각의 명상법에 의해 나타납니다. 또한 '다실의 아홉 가지 뜻 새기기 명상' 하나로 통합됩니다. '다실의 아홉 가지 뜻 새기기 명상'은 궁극의 일미一味를

알아차림의 명상정원

깨닫는 데 있고 일미의 깨달음은 곧 '일미一味를 깨닫는 일각一覺의 다실 명상'입니다.

'일각다실의 아홉 가지 뜻 새기기 명상' 자체가 깨달음이란 깨달을 수 있는 조건이 갖추어질 때 온다는 것을 말합니다. 각 단계에서 명상 수행자가 그려내야 하는 구체적 이미지와 그 함의는 다음과 같습니다.

1. 경鏡에서 환幻으로 가는 길
– 알아차림의 명상정원[5]

자량도에서 자량資糧이란 식량이라는 뜻이며 식량은 힘입니다. 어렵고 힘든 사람에게 도움을 주어 자비심을 기르고 선행으로 복을 쌓습니다. 그리고 존재의 근원을 아는 지혜를 배우고 깊이 생각하여 복과 자비 그리고 지혜의 식량을 비축하는 단계입니다. 그 힘으로 가행도로 나아갑니다. 특히 이 단계에서는 모든 존재가 죽음의 고통에서 구제하기 위해 생로병사가 없는 궁극적 보리심인 공성을 지성적으로 깊이 이해합니다.

1) 죽음 명상

---

5   자량도資糧道에서 가행도加行道로 가는 명상

집에 있는 다실에서 차를 마시고 죽음명상을 합니다. 유한한 몸과 인생을 통찰하고 생로병사에서 벗어나고자 생사生死가 없는 명상정원으로 들어 갈 준비를 합니다.

　□ 1차, 2차 명상 중 하나만 해도 됩니다. 순서를 바꾸어도 됩니다. 대중과 함께 할 때는 명상언어의 인도가 필요할 수 있습니다. 혼자서 할 때는 명상언어가 필요 없습니다.

♣ 1차 명상

○ 숨을 들이쉬고 내쉬면서 어깨에 힘을 빼고 척추를 곧게 세우면서 코끝에 잠시 시선을 둡니다.

○ 차를 마시고 마음속으로 자기에게 이야기하듯이 생각합니다.

★ 이 세상에서 인간의 수명은 정해져 있지 않아 언제까지 살 수 있는지 알 수 없다.

★ 인간의 수명은 짧으며 고뇌로 얽혀 있다.

★ 태어난 생명에게 병과 늙음으로부터 벗어나 죽음을 피할 방도는 없다.

★ 생명 있는 존재에게 이것은 정해진 이치이다.

★ 익은 과일은 떨어질 두려움이 있는 것처럼 태어난 자는 항상 죽음 때문에 두려움이 있다.[6]

6　『숫타니파타』「대품」화살경(Salla-sutta) 참조

◎ 좌종소리로 명상시간을 가집니다.

♣ 2차 명상

○ 차를 음미하고 차맛이 변하듯이

★ 나는 늙게 되어 있다. 나는 늙음을 피할 수 없다.

★ 나는 병들게 되어 있다. 나는 병을 피할 수 없다.

★ 나는 죽게 되어 있다. 나는 죽음을 피할 수 없다.

★ 나에게 사랑스런 사람(존재)과 이별을 피할 수 없다.

★ 나의 모든 것들은 사라지고 파괴될 것이다.

○ 나의 죽음은 먼 장래 이야기가 아닙니다. 한 잔의 차를 마시
는 동안, 숨을 들이쉬고 내쉬는 한 번의 호흡을 하는 사이에
도 죽음은 예고 없이 바로 올 수 있습니다.

○ 지금 이 순간이 나의 온 삶이므로 죽음을 잊지 않고 게으르
지 않게 부지런히 명상을 실천해야 한다고 다짐합니다.

◎ 좌종소리로 명상시간을 가집니다.

2) 죽음에서 벗어나 불사不死에 이르는 서원
_ 전체 이미지 시각화하기

분발하라
오늘 해야 할 일을 당장 실천하라.
내일 죽음이 찾아올지 누가 알겠는가

우리는 늘 죽음의 강한 힘과 마주하고 있지 않는가

밤낮으로 지치지 않고 열심히 사는 사람은

하룻밤을 살더라도 행복하다고

마음이 평화로운 성인이 그렇게 말씀하시네.[7]

다실에서 차를 마시면서 명상을 통해 밖으로는 어렵고 힘든 사람들과 지각 있는 존재들에게 도움이 되고자 명상을 하겠다는 염원을 품습니다. 안으로는 삶과 죽음의 괴로움에서 벗어나 대자유를 얻을 것을 염원합니다.

눈을 감고 집을 떠올리고 집에서부터 출발하여 명상정원에 들어서고 나아가 깨침의 다실에서 차를 마시기까지의 그 모든 과정은 첫째, 수행과정이면서 결과이며, 결과이면서 과정입니다. 그 과정으로서 궁극의 법계法界에 이르게 됩니다. 둘째, 다실에서 다실로 되돌아오는 과정은 모두 법계에서 출발(生)하여 법계로 되돌아오는 것(死)이며 법계가 하나의 모습임(生死가 없음)을 말합니다. 셋째, 다실의 아홉 가지 뜻 깨침은 우리가 깨달음 속에 살고 있으면서도 그 사실을 알지 못하고 생사의 괴로움에 빠져 있으므로 그 깨달음을 회복하는 과정을 의미한다는 것임을 알아차립니다. 이제 이를 실현시키기 위해 서원을 세웁니다.

---

7   무념 · 응진 역 『법구경 이야기 3』 p.p. 205~206, 옛길, 2018년

지각 있는 모든 존재들이

다 행복해지기를 원하듯

나 또한 생사의 괴로움에서 벗어나

불사에 이르러 법계를 깨달아지이다

3) 명상정원에서 오솔길을 지나
시냇물까지 이르는 이미지

알아차림의 명상정원에서 오솔길을 지나 시냇물까지 이르는 과정에서 명상의 방해꾼인 새와 열매는 마음을 산란하게 하여 명상을 방해하며 토끼는 혼침, 원숭이는 들뜸을 상징합니다. 모두 집중명상인 사마타와 분석명상인 위빠사나를 장애하는 방해꾼입니다. 명상정원에서는 명상의 목적과 명상의 방해꾼이 무엇인지를 알게 됩니다. 첫 출발인 자량도에서 서원을 세웁니다.

토끼잠 깨어나

복 지어지길

원숭이 들뜸 가라앉아

지혜 쌓여지길

○ 숨을 들이쉬고 내쉬면서 어깨에 힘을 빼고 척추를 곧게 세우면서 코끝에 잠시 시선을 둡니다.

명상을 장애하는 방해꾼들

○ 시선을 눈 앞의 찻잔에 두고 찻잔을 들고 빛깔과 향기와 맛을 음미합니다. 기억하기 위해 다시 한 번 색향미를 마십니다.

○ 눈을 감고 상상 속에서 현재 살고 있는 자신의 집을 떠올려 봅니다. 그 세속의 집은 몸과 마음과 환경이 결합된 사람(五蘊)과 같습니다.

○ 거실에서 찻상 위에 다관과 명상찻잔을 떠올립니다. 이미지로 차 마시는 '오감 알아차리기'를 합니다.

○ 오감 알아차리기를 염두에 두고 다관의 뚜껑을 열어 뜨거운 물을 붓고 좋아하는 차를 넣고 뚜껑을 닫고 찻잔에 차를 따릅니다. 찻잔을 들고 빛깔과 향기와 맛을 음미하고 부피감과 액체감을 느끼면서 찻물이 목을 통과하여 시냇물이 흐르듯 흐르고 모래에 물 스며들 듯이 연상하여 차의 색향미가 온몸에 흡수됨을 알아차리는 명상을 합니다. 상상속의 찻잔을 내려놓습니다.

○ 아름다운 정원으로 들어갑니다. 수행의 출발을 뜻합니다.

○ 자기가 좋아하는 꽃들과 나무들을 떠올립니다. 꽃은 반드시 열매를 맺기 때문에 수행하게 되면 깨달음이라는 결과를 얻는다는 것과 그 깨달음으로 지각 있는 존재를 돕는다는 뜻을 동시에 가집니다.

명상을 방해하는 번뇌에서 벗어난다

(1) 정원에서 아늑하고 아름다운 한옥을 그려봄

○ 정원에서 앞을 바라보면서 아늑하고 아름다운 한옥을 그려
봅니다. 한옥은 수행의 목적지입니다.

○ 정원에서 정자 같은 한옥으로 가는 길은 오솔길이며 그 오
솔길은 수행의 길입니다. 오솔길은 고요함의 표현으로 고요
함은 수행의 길을 열어주는 것입니다.

(2) 명상정원의 수행자

○ 오솔길을 걸어갑니다. 그 수행 길에는 방해꾼도 있는데 정
원에 있는 탐스런 과일과 정원에서 살고 있는 새들과 토끼
와 원숭이들입니다. 좌선, 행선 또는 걷기 선명상으로 산란
심을 일으키는 과일과 새, 들뜸의 원숭이, 그리고 혼침의 토
끼라는 번뇌로부터 깨어 있으면서 걸어갑니다. 그러면 수행
의 길이 분명하게 보이고 고요해집니다(三昧). 길에서 길로
점점 상승하게 하는 것은 삼매입니다. 삼매 속에서 지혜와
자비가 계발되고 정신적 성숙이 일어납니다.

○ 오솔길의 끝에 있는 시냇가에 도착합니다.

4) 시냇물을 건너는 이미지

자량도에서 가행도로 가는 가행도 단계에서는 번뇌를 끊기 위
해 다시 힘을 내어 수행하는 단계입니다. 아직 공성을 직접적으로
통찰하지는 못하지만, 더 이상 지성적인 이해나 개념적인 이해에

삼매 속에서 지혜와 자비가 계발된다

6개의 징검다리는 육바라밀 수행을 의미한다

머물지 않고 공성을 점진적으로 더 깊고 세밀하고 명료하게, 보다 체험적으로 이해하게 됩니다.

가행도의 수행은 지관쌍수입니다. 정사마타를 의지하여 몸과 마음(五蘊)을 분석하여 공성空性을 드러내면서 공성을 이해하려고 개념을 매개체로 사용하는 일이 점점 사라집니다. 주관과 객관, 관습적인 존재와 내재하는 실재 등의 이원론적인 지각이 모두 사라질 때 견도의 단계로 들어갑니다.

시냇물은 마음의 상징입니다. 거울같이 맑고 허공같이 투명하게 비어 있음은 마음의 본성입니다. 본성이 드러나기 전 시냇물은 탐욕과 분노와 어리석음의 흐름입니다. 색깔은 탁하고 들끓고 냄새나고 검게 오염되어 있습니다. 이 마음을 정화하는 방법은 육바라밀을 수행하는 일입니다. 육바라밀의 상징은 여섯 개의 징검다리입니다.

여섯 개의 징검다리는 세간(시간과 공간)에서 출세간(시간과 공간을 벗어남)으로 건너가는 육바라밀의 다리입니다. 바라밀은 '건너는 과정'과 '완전히 건너간' 두 가지 뜻이 있는데 바라밀은 괴로움에서 벗어남을 의미합니다. 보시·지계·인욕·정진·선정·반야라는 여섯 가지 괴로움을 건너는 방법이 있습니다. 이 모두 자량도에 속합니다. 사마타의 무분별 수행으로 얻는 선정과 위빠사나의 사유분석 명상으로 얻는 반야를 쌍수雙修하면 가행도에 속합니다. 여기서는 오염된 마음이 명상을 통해 청정으로 전환되는 것을 보여줍니다. 오염된 시냇물 마음을 건너기 위해 서원을 세웁니다.

표 1 명상정원 수행의 길

여섯 개의 징검다리 (육바라밀)	시냇물 상태(마음의 상징)의 전환	마음 청정
보시	탐함 → 맑아짐	탐욕이 없어짐
지계	더러운 냄새 → 향기가 남	도덕성이 살아남
인욕	들끓음 → 잔잔해짐	분노의 감정이 사라짐
정진	흐름이 빨라짐	선한 마음이 가속됨
선정	흐름이 깊김헤지고 맑고 투명해짐	번뇌가 일어나지 않음
지혜	물에 비치는 것이 환영과 같음을 앎	무지가 사라짐

집중명상이여

징검다리 건너지고

분석명상이여

마음 물이 맑고 밝아지길

○ 오솔길 끝에는 시냇물이 흐릅니다.

○ 시냇가에 앉아 차포를 펼치고 다관과 명상찻잔 등 차를 마
실 수 있게 이미지를 시각화하여 '색향미 감로차 마시기'를
합니다. 색향미 감로차가 목으로 넘어갈 때 시냇물 흐르듯
이 상상합니다. 상상하는 시냇물이 마음임을 이해합니다.
눈을 뜨고 시냇물을 봅니다.

○ 아담한 한옥 앞을 가로질러 흐르는 시냇물을 건너는 여섯 개의 징검다리가 있습니다.

○ 여섯 개의 징검다리를 건넙니다.

첫 번째, 보시라는 징검다리를 건너갈 때는 탐욕이 없어져 시냇물의 탁함이 점점 맑아집니다.

두 번째, 지계라는 징검다리를 건널 때는 도덕성이 살아나 시냇물의 더러운 냄새가 향기로 살아납니다.

세 번째, 인욕이라는 징검다리를 건널 때는 분노의 감정이 사라져 들끓어 오르는 시냇물이 잔잔해집니다.

네 번째, 정진이라는 징검다리를 건널 때는 시냇물의 흐름이 빨라집니다. 이는 보시·지계·인욕을 행하여 긍정적인 마음이 가속되기 때문입니다.

다섯 번째, 선정이라는 징검다리를 건널 때는 번뇌가 일어나지 않아 흐름을 멈춘 것 같이 잠잠해지고 거울같이 맑고 투명해집니다.

여섯 번째, 지혜라는 징검다리를 건널 때는 무지가 사라져 모든 형상이 맑은 거울 같은 시냇물에 반영하여 환영임이 드러나고 마음이 햇빛 비치는 허공 같이 됩니다.

이와 같이 여섯 개의 징검다리를 건너는 것은 마음의 본성을 드러내는 길입니다. 그래서 보리심을 내어 보시·지계·인욕·정진 바라밀의 도움을 받아서 사마타(止)와 위빠사나(觀)를 쌍수합니다(자량도資糧道에서 가행도加行道로 들어감).

2. 환幻에서 공으로 가는 길[8]
- 사유통찰의 명상정원

자량도의 사마타 수행은 무분별을 유지하여 선정을 얻습니다. 가행도 단계에서는 주관과 객관이 분리되지 않아 무분별 상태의 사마타 삼매를 의지하여 위빠사나 수행을 합니다. 최종 위빠사나에 이르게 되면 몸과 마음의 경안이 생기고 위빠사나 삼매가 생깁니다. 이 삼매와 사마타 삼매가 하나가 됩니다. 그 삼매가 공삼매라고 합니다. 주관적인 경험과 그 대상이 섞여 마치 물에 물을 부은 것처럼 되고, 개념의 매개 없이 직접적으로 공성에 대해 명상하게 됩니다.

여기서는 여섯 바라밀의 징검다리를 건너 명상정원으로 들어갑니다. 명상정원에서 '연꽃찻잔 뜻을 통한 일미 깨침의 명상' 가운데 '연꽃찻잔의 모양에 집중하여 삼매얻기'를 먼저하여 삼매를 얻고 난 뒤에 관계성 통찰사유를 하여야 합니다. 물론 생략해도 됩니다.

차나무 숲에서 차나무를 보고 관계성 사유통찰을 합니다. 서원을 세웁니다.

변화 속에 고통 일어나니

---

[8] 가행도加行道에서 견도見道로 가는 명상

차나무 앞 명상으로 공성을 깨닫는다

비겁한 생각으로 피하고자 하나

지각 있는 존재들 고통 생각하면

참고 견딜만 하다네

연민심은 나의 힘

괴로운 일체 유정 어찌 구제하지 않으리

'연꽃찻잔 모양에 집중하여 삼매 얻기' 차명상

○ 징검다리를 건너니 차나무 숲이 펼쳐집니다.

○ 가장 큰 차나무 그늘에 앉아 숨을 들이쉬고 내쉬면서 마음을 안정시키고 다각정茶覺亭의 이미지를 떠올리고 다각정에 앉아서 다상을 앞에 두고 차를 음미하고 찻잔을 내려놓습니다.

○ 연꽃찻잔을 눈앞에 떠올려 '연꽃찻잔 모양에 집중하여 삼매 얻기' 차명상을 합니다.

■ 눈 앞의 차나무가 시각적으로 고정되고 독립되어 보이고 다른 것과 분리되어 보이고 실체를 가지고 스스로 존재하는 것처럼 보입니다.

■ 그러나 차나무는 흙이 없으면 살 수 없고, 물이 없으면 살 수 없고, 차고 따뜻한 온도가 없으면 살 수 없고, 공간이 없으면 살 수 없고, 에너지의 원천으로 태양의 빛에너지가 없으면 광합성 작용을 할 수 없어 살 수 없습니다. 빛은 태양에서 오고 태양은 우주에 속해 있습니다.

■ 차나무는 우주와 연결되어 있어 차나무가 없으면 우주가 없고 우주가 없으면 차나무가 없습니다. 왜냐하면 차나무라는 부분이 모여 우주를 이루고 우주라는 전체는 차나무라는 부분을 존립하게 하기 때문입니다. 부분과 전체가 의존적이기 때문에 부분이 전체이고 전체가 그대로 부분입니다. 차나무는 고정 독립, 분리, 스스로 존재하는 것이 아닙니다. 차나무의 자성은 공합니다.

■ 그렇다면 이제 차나무를 의지하고 있는 자기 자신은 어떻습니까? 차나무와 다르지 않습니다. 그러므로 자아 중심에서 벗어나야 하고 나아가 남녀 중심, 인간 중심에서도 벗어나야 하고 또한 생명 중심에서 벗어나 무생물까지 상호의존하여 자립, 실체, 자성自性이 공합니다.

    이제 차나무부터 우주까지 모든 것이 공空 하나로 통한다는 생각과 이해를 합니다.

차 맛을 통하여 '다선일미茶禪一味'를 명상하기

○ 다시 차를 들고 음미하고 차 맛의 변화를 알아차립니다.

○ 차 맛이 변하듯이 사람도 생노병사하고 도시-나라-세계-우주가 변한다는 것을 통찰합니다.

○ 일체 모든 것이 변한다는 것은 동일한 하나이며 맛도 변함이라는 맛입니다. 그러므로 일미一味입니다.

○ 두 번째로 차 맛을 음미하고 차 맛은 혀와 찻물과 미각의식의 삼자三者에 의해 차 맛이 일어남을 알아차립니다. 혀와 찻물과 미각의식이 상호의존하여 맛이 일어나듯이 사람도 몸과 마음이 상호의존함으로써 사람입니다. 도시도 나라-세계-우주도 상호의존하므로 일체 모든 것이 상호의존이라는 동일한 하나이며 맛도 상호의존이라는 맛입니다. 그러므로 일미一味입니다.

○ 세 번째로 차를 음미합니다.

○ 차 맛이 시간적으로 변하고 공간적으로 상호의존하여 차 맛이 내재적인 실체가 없음을 알아차리고 텅 빈 공임을 이해합니다.

○ 이와 같이 자기를 비롯하여 삼라만상 우주가 내재하는 실체가 없어 텅 비어 공함이 하나이며 맛도 텅 빈 공임을 알아차리고 일미一味를 사무치게 이해합니다.

'다선일미茶禪一味의 깨달음' - 견도見道

일미를 이해하는 순간 기쁨이 일어나고 몸이 허공에 뜨듯이 가벼워지는 경안輕安이 생기면 위빠사나(觀) 삼매가 일어납니다. 사마타 삼매와 위빠사나 삼매가 하나가 되어 공삼매空三昧를 이루고 주객이 없는 무분별지를 이루고 마음의 청정한 본성은 죽음이 없는 깨달음을 이룹니다.

○ 작은 부분인 차나무와 전체인 우주가 상호의존하는 연기이며 공성임을 아는 순간 공삼매속에서 공성의 빈 마당이 펼쳐집니다. 주객이 사라지고 중생과 붓다가 평등해지고 법계가 공성空性인 일미一味를 깨닫습니다. 공성이 깨달음의 뜻이기 때문입니다.(공성을 아는 깨달음 즉, 견도見道).

3. 공空에서 화華에 이르는 길[9]
_ 깨달음(空性)의 명상정원

○ 수도修道는 일심一心(眞如)에 머물러 공성을 아는 지혜가 잠
재영역으로 들어갑니다. 숨어서 현재의식에 영향을 주던 잠
재성향인 자아를 무아無我의 아我로 소멸시킵니다. 자아와
연관되어 있어나는 아만我慢, 아애我愛, 아치我痴도 소멸합
니다. 서원을 세웁니다.

공삼매에 머무니
생명에 대한 평등,
연민심 샘 솟듯 하네
평등의 지혜로
불평등의 무지가 사라지길

○ 공성을 알아 견도에 이르는 순간, 깨달음의 명상정원으로
들어갑니다. 공성의 빈 마당이 펼쳐집니다(수도修道). 빈 마
당의 공성은 일체 모든 것이 생멸이 없고, 안과 밖이 없고,
가고 옴이 없고, 상하가 없고, 생사生死가 없다는 것입니다.
널찍한 빈 마당을 걷는 순간 마당 한 곁에는 연못이 나타나

---

9   견도見道에서 수도修道로 가는 명상

공성을 체험하여 깨달음의 명상정원에 이르게 된다

공삼매 속에서 깨달음의 연꽃이 피어나다.
백련은 자비, 홍련은 지혜를 상징한다

깨달음의 계단

고 홍련과 백련도 피어납니다. 빈 마당을 지나가는 것은 공성을 아는 지혜로 번뇌가 없어지고 고요한 선정의 연못이 열리고 깨달음의 연꽃(지혜)이 피어남을 의미합니다.

○ 빈 마당을 가로질러 생멸하고 생사가 있는 자아와 실체라는 번뇌를 소멸시키는 불사不死 계단을 올라갑니다. 그래서 계단은 수행과 깨달음의 길을 상징합니다. 모두 왔던 길을 되돌아보고 알아차리는 지혜입니다. 즉, 범부각凡夫覺과 상사각相似覺의 계단(資糧道-加行道-見道)을 올라서 수분각隨分覺(수도修道)의 마루에 오르고 구경각究竟覺(구경도究竟道)의 깨달음의 방으로 들어갑니다.

4. 화華의 일각정一覺亭 다실로 들어가는 이미지[10]
_ 사랑과 연민의 명상다실

1) 본래 깨달음(본각本覺 – 일각一覺)

○ 사랑과 연민의 명상다실의 방문을 열고 들어갑니다. 문은 진리의 문이며 방은 깨달음의 자리입니다. 완전한 깨달음의 경계는 『대승기신론』에 '각심초기覺心初起 심무초상心無初相'이라 했습니다. 마음이 처음으로 일어나는 순간을 깨닫고 보니 마음에는 최초의 모양이 없다는 것입니다. 이 뜻은 다음과 같습니다.

첫째, 마음의 본래 성품은 처음도 끝도 없습니다. 시간의 차원을 넘어서 있습니다.

둘째, 그러므로 생로병사가 없습니다. 불사不死입니다.

셋째, 처음과 끝이 없다는 것은 한결같다는 것입니다. 그래서 일여一如입니다.

넷째, 처음의 모양이 없다는 것은 하나이며, 그 맛은 자체 성품이 없다는 맛이며, 허공과 같이 두루하여 일미一味입니다.

다섯째, 자체 성품이 텅 비어 있어 어떤 것으로도 결정되

10   구경도究竟道

깨달음의 일각정 다실

어 있지 않아 평등이며 안과 밖이 없어 공이며 공이라는 틀도 부정하는 공의 뜻은 깨달음의 뜻입니다.

여섯째, 공이 일미一味이며 일미가 공空이므로 일미 그대로 깨달음입니다. 그리고 일미는 본래 그러하므로 본각本覺이며, 처음부터 생멸이라는 결점이 없어 원만하므로 원각圓覺입니다. 그러나 깨치기 전에는 일미가 깨달음이라는 사실을 모르므로 일미를 깨닫는다고 합니다. 그래서 일미를 깨달아 일각一覺이라 하지만 일각의 내용이 공이며 일미이므로 처음부터 새로운 깨달음이란 없습니다. 어쩔 수 없이 깨달음이라 했을 뿐입니다.

일곱째, 마음이 일어나면 갖가지 현상이 일어나고 마음이 사라지면 갖가지 현상이 사라지더라도 처음부터 마음에는 일어나고 사라짐이 없습니다. 처음이 없기에 끝도 없기 때문입니다. 환영과 같고 꿈과 같다는 뜻입니다. 그래서 다실에서 구경각의 다실에 이르러 깨달음을 이루더라도 처음의 모양이 없는 하나의 깨달음, 즉 일각입니다. 즉, 인연을 따라 깨달음을 이루더라도 본래 깨달음이며 '지각 있는 존재들'을 위하여 지혜와 자비로써 구제하더라도 본래 깨달음인 일각입니다.

2) 다실에서 되돌아보는 지혜와 자비의 실천

○ 다실의 문을 통해 밖을 봅니다. 마당, 연못, 연꽃과 차나무,

지혜와 자비를 행하는 다실 전경

시냇물, 오솔길 그리고 저 멀리 정원도 보입니다. 문 밖을 보는 것은 수행의 길을 반조返照하는 지혜이며 '지각 있는 생명들'을 구제하는 방편입니다. 그래서 지나온 모든 것이 한바탕 꿈임을 아는 것입니다. 또한 구경의 깨달음을 이루어 '지각 있는 존재들'을 괴로움에서 구하는 지혜와 자비를 행하는 곳이 다실입니다.

3) 다실 안의 이미지

다실이라는 일각의 내용은 일체 모든 것의 자체 성품이 비어 있고 텅 빔 속에는 그 어떤 것도 없지만 텅 빈 공성의 성품(不變) 은 텅 빔도 지키지 않아 인연을 따르므로(隨緣) 다실의 모든 이미지는 내 안에서 지각하는 생명과 내 밖의 지각 있는 존재들을 구제하는 작용(연민)으로 나타납니다.

○ 다실 안의 이미지를 보면 창문에는 햇빛이 따뜻이 비치고 방안은 연꽃향기가 은은합니다. 햇빛은 지혜이며 연꽃향기 는 깨달음의 향기입니다.

○ 다포 위에는 다관, 물 식힘 그릇, 명상찻잔, 차 통, 찻숟가락, 차 수건이 있습니다. 오른편 화로 위에는 물 주전자에 물이 끓고 있습니다. 이들은 자비심을 증진시키는 도구이며 깨침 에 도움을 주는 도구입니다.

○ 왼쪽 벽에는 다선일미茶禪一味 족자가 걸려 있으며 일미一味

모든 지각 있는 존재를 위해 마음을 내는 다실

는 깨달음의 내용입니다.

○ 명상찻잔을 들어 차를 음미합니다. 이때는 색·향·미 감로 차 마시기 명상, 연꽃 찻잔 일곱 가지 뜻 새기기 명상, 오색 차 명상, 색·향·미 한마음 차명상, 자비다선 중에 자신이 좋아하는 다선일미茶禪一味 차명상을 떠올립니다. 그리고 이 중 하나의 차명상을 하거나 차례로 차명상을 합니다.

4) 자비다선

○ 차명상을 통하여 처음 출발했던 다실과 지금 도착한 다실이 같은 다실임을 깨닫고 그 사실을 알아차립니다. 일각의 다실 깨침은 모든 것, 모든 존재가 공적하다는 깨달음 속에 살고 있으면서도 그 사실을 알지 못하고 생사生死의 괴로움에 빠져 있으므로 그 깨달음을 회복함을 뜻합니다. 또한 세간의 살림살이, 삼라만상 우주 그대로 깨달음이라는 깨침을 알아차립니다. 이제 '지각 있는 존재들'을 위하여 생를 거듭하면서도, 한 몸 바쳐 고통에서 벗어나 대자유를 얻게끔 인도하고자 하는 사랑과 연민의 마음을 냅니다. 한잔의 차를 음미하고 생사生死가 있는 세계로 들어가는 모습을 상상해 봅니다.

5. 반조返照
_ 몸과 마음의 반응을 되비쳐 봄

○ 눈앞의 차를 음미하고
○ 다실의 아홉 가지 뜻 새기기 명상을 마무리하면서 몸과 마
  음의 반응을 살펴봅니다.
○ 마무리의 죽비를 칩니다.

제7장

행다선行茶禪

행다의 최적 환경인
고요함을 이끌어 내기 위해서는
모든 움직임이 물 흐르듯 꽃 피듯
자연스러워야 합니다
그래야 마음이 거울같이 됩니다
곧 수류화개 水流花開가 행다선의 기준입니다

행다行茶는 고요함을 이끌어냅니다. 고요함이란 일체 번뇌망상이 일어나지 않는 상태이며 번뇌망상이 제거된 부동不動 상태입니다. 이러한 '고요함'은 한 대상에 집중하여 생각의 흐름이 중지되어 고요해지는 마음 상태(사마타관)를 말하며, 또한 움직이는 모든 현상을 사유통찰함으로써 고요해지는 마음 상태를 말합니다 (위빠사나관). 다시 말하자면 알아차림의 사마타와 위빠사나 그리고 사유통찰하는 위빠사나로써 마음의 상태를 고요하게 할 수 있다는 것입니다.

사유와 알아차림이란 행다 할 때의 움직이는 몸과 마음의 모든 현상을 알아차리는 것이며, 알아차림을 통한 사유로써 모든 것은 상호관계의 인드라망과 같이 서로 연결되어 있음을 알 수 있고, 생명을 깨치게 하며, 그로 말미암아 의식이 부분에서 전체로 깨어나게 하는 지혜로 나아갈 수 있습니다.

행다를 통해 고요함을 이끌어내려면 다음과 같은 선행조건이 필요합니다.

첫째, 행다 할 장소와 모든 도구, 그리고 의례儀禮의 동작에 주의집중 할 수 있어야 합니다. 이러한 조건을 통해 마음의 고요함이 밖으로 표출됩니다.

둘째, 차 모임의 의미를 사유하고 통찰함으로써 행다선을 할 수 있습니다.

셋째, 자기가 하는 모든 행위를 스스로 안면서 행할 때 행다선이 됩니다.

1. 행다 할 때 고요함을
   이끌어 내는 조건

행다 할 때의 시간과 장소가 고요함을 이끌어내는 환경이면 최적입니다. 만약 음악을 이용할 경우에는 고요함과 편안함을 이끌어낼 수 있는 음악이 효과적입니다. 그리고 모든 도구는 찻잔의 크기와 모양과 색깔 그리고 문양의 의미와 위치 등까지도 주의집중할 수 있는 것이어야 합니다. 그리고 찻잔을 들 때는 한 손으로는 찻잔을 연꽃송이가 피어 있는 것처럼 감싸서 들고, 다른 한 손으로는 찻잔을 든 손을 가볍게 받쳐주어서 안정감을 주어야 합니다.

한송이 연꽃이 피듯 든다는 것의 의미는 연꽃의 상징인 청정과 정화의 의미를 시각적으로 보여주는 것으로 마음을 명료하고 편안하게 하는 효과가 있습니다. 그리고 연꽃의 모양이 아름다우므로 기쁨이 배어 나옵니다. 기쁨은 고요함(定)의 한 요소입니다. 두 손으로 받쳐 들 때는 합장하듯이 하여 너와 내가 하나임을 보여 주며 공경과 내면의 무아가 드러나게 해야 합니다.

함께 하는 다선일 경우에는 다인들이 입는 옷의 모양도 중요합니다. 색깔이 단정하고 수수하여 시각적으로 눈에 거슬리는 점이 없도록 함으로써 주의집중이 잘 되도록 합니다. 또한 시연의 동작 역시 유연하여 모두 주의집중 할 수 있도록 해야 합니다. 단, 경건함이 지나쳐서 너무 절도 있거나 지나친 의례는 도리어 긴장되고 경직되게 하여 번뇌를 일으키게 되므로 주의해야 합니다. 정리하자면, 행다의 최적 환경인 고요함을 이끌어 내기 위해서는 모든 움직임이 물 흐르듯, 꽃 피듯 자연스러워야 합니다. 그래야 마음이 거울같이 됩니다. 곧 수류화개水流花開가 행다선의 기준입니다.

물은
땅을 의지하여 흐르고
꽃은
봄바람을 만나 피듯
의도 없는 행다
돌 여자 아이 낳음이라

인과의 모습

그 사이에는

사람 없고

자아 없어

오로지

원인과 결과뿐이라오

1) 상호수용의 이치를 듣고 새기기(聞)

차茶 모임의 의미

생물과 무생물, 모든 것이 그대로 인드라망입니다. 차 모임의
의미도 바로 이것입니다. 그래서 차 모임의 생명살림을 사유통찰
함으로써 행다선을 할 수 있습니다.

즉, 차 모임을 하며 차를 나누어 마신다는 것은 있는 그대로 열
린 모임이고 그 자체가 수행이며 선禪입니다. 차를 주고받는 사람
들은 서로 다른 개체로 완전히 나누어져 있는 것 같지만, 차를 나
누어 마실 때에는 서로 연결되어 하나가 됩니다.

개개인은 부분이면서 동시에 전체이기도 합니다. 부분과 전체
는 관계망(연기의 그물)으로 이루어지기에 살아있는 관계성입니다.
모임은 관계 속에서 살아 숨쉬는 것입니다. 모임이란 서로를 받아
들이지 않으면 성립할 수 없습니다. 처음에는 서로 마음이 맞지

않아도 차 모임을 하고 함께 차를 마심으로써 그 관계가 회복될 수도 있습니다.

왜냐하면, 행다선을 통하여 유와 무를 근거한 상견과 단견이 사라지고 탐욕과 성냄, 그리고 어리석은 무지가 사라지기 때문입니다. 그것이 바로 너와 나의 열림이며 상호수용인 연기緣起의 드러남입니다. 동시에 무아로서 깨어 있음이 됩니다.

관계란 개개인이 무아無我이면서 독립되고 고정된 고유한 실체가 없어 공空입니다. 그래서 관계 속에서 너와 내가 살아있는 것입니다. 이러한 관계성은 차 모임에만 한정된 것이 아닙니다. 우리 삶의 모든 것이 이러한 관계 속에 있습니다.

앞에서 차 모임의 의미를 여러 가지로 설명했습니다. 그러나 이러한 설명 내용은 행다선을 한다고 해도 한눈에 파악되지 않습니다. 즉, 전체의식이 깨어나야 비로소 연기실상이 한눈에 들어오면서 부분적인 것까지 파악됩니다. 따라서 생명의 상호 열림과 상호작용의 연기緣起를 앞에서 말한 차 모임의 과정을 통해 사유思惟하는 것입니다. 이 사유가 곧 생명의 연기실상을 자각하게 합니다.

2) 상호수용을 사유하여 지혜를 얻기(思)

차 모임의 상호 수용을 사유로써 통찰하게 되면 생각의 내용이 달라지기 시작합니다. 왜냐하면 바로 본질에 대한 통찰 사유이기 때문입니다. 이치를 사유 통찰함은 책으로 상호의존과 무아無我,

공空 등의 이치를 읽거나 다른 사람에게 이치를 들어서 얻는 지혜(聞慧)보다 한층 깊어지게 하는 지혜가 생기고 의혹도 많이 해소됩니다.

상호의존의 이치는 기존의 생각을 바뀌게 합니다. 즉, 차 모임에서 가슴을 열고 수용하는 것이 바로 상대방의 눈으로 세상을 보고, 모든 사람들의 경험을 내가 경험하게 합니다. '나(我)'라는 생각에 근거하는 판단이 아니라, 상대방의 입장에 서서 상대방의 판단으로 다시 바라보게 됩니다. 이때 '나'는 존재하지 않는 '무아' 그대로입니다. 이와 같은 이치를 사유통찰하면 고정관념이 깨어집니다. 모든 존재의 상호관계성을 사유통찰하여 삶을 근본적으로 바꾸고 창조적 삶을 살게 합니다.

그러나 아직 통찰의 지혜가 약합니다. 직접 체험을 통해 듣고 사유하여 얻는 진실을 확인해야 합니다. 몸으로 직접 체험할 필요가 있습니다. 그것이 명상수행이며 이로써 확인되어 얻는 지혜가 수혜修慧의 지혜입니다. 듣고 사유하여 얻은 지혜와 동일하지만 심안心眼으로 확인하고 몸으로 체험했다는 점이 다릅니다. 무아, 공성空性은 명상하여 체험될 뿐 사유분석의 대상으로는 드러나지 않습니다. 왜냐하면 공성은 본질적으로 존재하지 않기 때문입니다.

예를 들자면, 찻잔은 흙에 물을 넣어서 반죽하여 모양을 만들고 유약을 칠하는 등 여러 공정을 거쳐서 완성됩니다. 이렇게 사유분석하면 찻잔 자체에는 고유한 실체라는 것은 없어서 공하다고 할 수 있습니다. 그러나 우리가 그 공함을 보려고 한다면 볼 수 없습니다. 존재하지 않기 때문입니다. 기껏해야 우리가 찾을 수 있는 것은 분석한 유사한 공성의 공함일 뿐 공성을 찾을 수는 없습니다. 듣고(聞), 사유하고(思), 명상(修)하는 이 세 가지가 함께 하는 것을 통해서 경험해 온 그것은 사유분석을 통해서는 발견할 수 없습니다.

그러므로 이와 같은 명상의 이치를 알고 행다선行茶禪 하는 것입니다. 행다를 하는 순간순간을 자각하기 때문에 부분적인 생각의 흐름이 그쳐지면서 의식이 무아의 자각이 있는 전체의식으로 깨어납니다. 그러나 차 모임인 행다行茶를 하는 순간순간 무아로서 의식이 깨어 있게 하려면 자기가 행하는 모든 행동을 알아차려야 합니다. 이것이 수혜修慧의 지혜입니다.

3) 일체 동작을 스스로 알면서 행하는 행다선(修)

상호 관계를 지혜로써 회복하는 방법

스스로 알면서 행하는 수修는 알아차림(sati)에서 시작합니다. 외부에 반응하는 몸과 마음의 현상을 즉각 포착하여 알아차리면 대상에 끄달려가지 않게 마음을 챙기고, 의식을 깨어 있게 합니다.

행다를 하는 순간순간 알아차림을 하여 행다 하는 모든 행위를 느끼려고 하지 않고, 감정과 생각을 덧붙이지 않으며, 의미를 부여하거나 다른 것과 결부시키지 않고, 없애려고 하지 않게 합니다. 밖으로부터 들어오는 어떤 현상에 대해서도 시비하지 않게 합니다.

나아가 대상의 무상에 대한 알아차림은 모든 행위에 느끼려고 하는 마음을 중지시키고, 감정과 생각을 덧붙이려고 하는 마음을 중지시키고, 의미 부여나 다른 것과 결부시키려고 하는 마음을 중지시키고, 없애려고 하는 마음을 중지시키고, 밖으로부터 들어오는 어떤 현상에 대해서도 시비하려고 하는 마음을 중지시킵니다. 즉, 의도하지 않는데도 저절로 일어나는 마음을 그치게 하고 의도적으로 마음을 일으키는 것을 중지시키는 것입니다.

이와 같이 외부에 반응하는 몸과 마음의 여러 현상을 알아차릴 때 알아차림만 있으면 순간순간 고요함이 있는 찰라 삼매가 생기며, 나아가 마음에 눈이 생겨 마음으로 보는 관찰이 생기며, 그 관찰을 통해 현상을 분명하게 아는 앎과 바르고 분명하게 아는 앎인 정지正知가 생깁니다. 바르게 아는 앎이 생길 때 일체 동작을 스스로 알면서 행하게 됩니다.

바르게 아는 앎에 의해서 마음은 순수해지고 깨어나기 시작하며 대상에 대해 해방감을 맛봅니다. 사물, 감정, 생각으로부터 자유로워지는 것입니다. 즉 어떠한 대상으로부터 해방감을 주며 대자유인으로 전환시켜 줍니다. 그리하여 모든 것은 고정되고 독립되고 분리되어 '스스로 존재한다'는 잘못된 견해가 일어나지 않게 하고, 도리어 연기실상을 드러냅니다. 연기실상이 드러날 때 번뇌 망상은 끊어지고 이것은 곧 마음을 대상으로부터 챙기면서 행위

하는 몸과 입의 고요함을 통해 마음의 고요를 얻고 마음을 이치
에 맞게 깨어나도록 이끌어 갑니다.

순간순간 깨어 있으리

행다 하는 순간순간 모든 동작 알아차려

감정과 생각 덧붙이지 않으면

현재 순간에 늘 깨어 있으리니

과거와 미래로 마음 흘러가지 않으리라

없는 과거를 회상함은 죄책감 생기어

미혹에 빠지는 무지 일어나며

있지도 않은 미래를 생각함은 불안감 생기어

무명의 바람에 흔들려 생명 위태하네

눈뜸이여

과거를 기억하는 그 회상은 현재이며

미래를 생각하는 그 추상도 현재이니

알아차림을 통해 현재 순간에 깨어 있으라

현재 순간이 무시간의 영원이며

머리 없고 꼬리 없어 불생불멸이며

잡을 만한 모습 없어 무상이며

너 나 경계선 사라져 무경계, 무분별이니

삶과 죽음의 모든 속박에서 해방되리라

자기가 하는 모든 행위를 스스로 안다는 것은 가고 서고 앉고 눕는 등의 모든 움직임을 알면서 행하는 것입니다. 머리부터 발끝까지 전체를 보면서 온몸에서 일어나는 감각, 감정, 생각을 영화를 보듯이 봅니다. 걸어갈 때도 온몸 전체를 보면서 근육이 움직임, 감각, 감정, 생각까지 눈앞의 사물을 보듯이 보면서 걸어갑니다. 자기의 모든 행위를 자각한다는 것입니다.

이와 같이 자기의 보고 말하고 생각하는 등의 행위를 알면서 행하는 알아차림(sati)에 의해서 차 모임이 상호 수용이며 상호 열림임을 이해하고 체험하게 됩니다. 이 체험으로 개인주의적인 자아의 대립과 감정의 속박이 사라진 평온한 마음 상태가 되면서 무아의 지혜가 열리기 시작합니다.

행다行茶와 알아차림의 확립(satipaṭṭhāna)

알아차림(sati)은 괴로움을 일으키는 번뇌망상을 제거하는 마음의 고요인 삼매와 지혜를 이끌어냅니다. 삼매와 지혜는 깨달음을 이루게 하며 깨달음의 뜻은 공空의 뜻이며 공의 뜻은 죽음으로부터 대자유를 이루는 불사不死인 것입니다.

이와 같이 알아차림으로부터 불사에 이르는 명상은 모두 알아차림의 확립(satipaṭṭhāna)이 될 때 이루어집니다. 알아차림의 확립(satipaṭṭhāna)은 'sati(기억)' + 'patthana(확립)'로서 '밀착해서 머묾'의 뜻입니다. '알아차림의 확립(satipaṭṭhāna)'은 찰나삼매, 관찰(anupassī), 분명한 앎(pajānāti), 바른 앎(sampajānāti)이 갖추어질 때입니다.

행다선行茶禪 차명상도 알아차림을 시작으로 합니다. 먼저 알아차림인 sati부터 살펴봅니다.

첫째, 알아차림(sati)은 『청정도론淸淨道論』에 근거하여 보면 ①특징은 대상에 깊이 들어가는 것이며, ②역할은 잊지 않는 것이며, ③원인은 강한 인식이 가까운 원인이며, 몸·감각·마음·현상에 대한 사띠의 확립이 가까운 원인입니다. ④나타남은 대상과 직면함으로 나타납니다.[1]

사띠(sati) 한다는 것이 '대상에 깊이 들어가는 것'이며, 역할은 '잊지 않는 것'이며, '강한 인식'이 가까운 원인이며, '대상과 직면함'으로 나타난다는 것을 뒤집어서보면 사띠의 대상이 빠르게 변하기 때문이라는 것을 알 수 있습니다. 즉, 대상을 자세히 파악하기 위해서는 대상에 깊이 들어가야 하며, 대상을 잊지 말아야 하며, 강한 인식이 아니면 대상을 잊어버리기 때문입니다. 이렇게

---

1   각묵스님 옮김 『네 가지 마음 챙기는 공부』 p.p. 18~19 초기불전연구원 2019년 3월 1개정판

사띠(sati) 할 때 대상과 직면할 수 있습니다. 대면한다는 것은 마음이 대상을 떠나지 않게 한다는 것입니다. 마음과 대상이 껌 딱지 같이 딱 붙어 있게 하는 것이 사띠입니다.

이와 같은 사띠의 성격을 볼 때 대상에 대해 매우 신속하게 인식한다는 것을 알 수 있습니다. 즉, 사띠는 대상을 포착하는 기능으로서 민첩한 정신작용임을 알 수 있습니다. 비유하자면 거미줄에 먹이감이 걸리면 거미는 쏜살 같이 그 먹이감이 도망가지 못하도록 거미줄로 묶어버리는 것과 같습니다. 또 다른 비유로서 레이다에 적이 포착되면 즉각 조치를 취하여 적을 물리치듯이 사띠는 레이다와 같습니다.

또다른 사띠의 역활은 기억입니다. 기억은 대상을 기억하는 것, 대상에 붙어서 떨어지지 않는다는 것입니다. 나아가 자신의 현재 수행상태를 잊지 않는 것이 사띠입니다. 기억에는 대상을 아는 앎을 포함하고 있습니다. 사띠를 알아차림으로 번역한 것은 시간차 없이 대상을 즉각 안다는 뜻입니다. 즉, 앎+정신차림입니다. 정신차림은 사띠의 뜻에 들어가 있습니다. 대상이 빠르게 변하기 때문에 정신을 차리지 않으면 놓치기 때문입니다. 대상을 즉각 아는 알아차림이 힘이 있으면 현재 순간에 깨어 있게 됩니다. 지나간 것은 알아차릴 수 없고 미래는 오지 않아 알아차릴 수 없습니다. 오로지 현재 순간만 알아차릴 수 있습니다.

둘째, 현재 순간만을 알아차리면서 잡생각이나 망상이 끼어들지 않고 잠깐이라도 알아차림만 있을 때는 찰나삼매라고 할 수 있습니다. 즉, 다관을 잡으러 가는 손의 움직임과 감각, 다관과의 접촉, 다관을 들 때 다관의 무게, 물의 무게, 물이 떨어지면서 내는 소리와 바닥에 닿는 접촉에 의한 느낌, 손과 몸의 모든 동작 등에 대해 단지 알아차림만 하는 것입니다. 동작이 일어나기 전에 의도가 포착되면 그 의도를 알아차려야 합니다. 이와 같이 순간 행다行茶를 해가면 순간 고요함이 일어납니다. 이때의 마음은 청정淸淨합니다. 찰나삼매가 있을 때는 눈을 감고 있어도 현상이 시각적으로 보입니다. 마음에 눈이 생긴 것입니다. 이것을 관찰(anupassī)이라고 합니다.

관찰은 생각이 아니라 보는 것입니다. 마음 거울(鏡)이 생긴 것입니다. 생각은 머릿속에서 일어나는 것이며 거기에는 자아가 들어가 있습니다. 이 '나'라는 생각은 곧 '너'를 만들어냅니다. 그리고 너와 나는 상호 의존 관계로 파악되는 것이 아니라 독립된 개체로 인식되면서 대립과 투쟁의 대상으로 상호 단절이 일어납니다. 이는 상호 수용과 열림(緣起)이 생각에 가려져 일어나는 현상입니다. 그러나 '봄'은 생각이 아닙니다. 생각은 이것저것 분별하지만 마음으로 보는 것은 다릅니다. 육안이 모양과 색깔을 보는 것이라면 마음으로 보는 것은 느낌, 감정, 생각을 객관적으로 보는 것입니다. 이와 같이 관찰이 되면 모임의 상호 열림과 수용의 이치를 보기 시작합니다. 이때부터 불편한 모든 것은 사라지기 시작합니다.

셋째, 마음거울이 나타난 관찰이 되면 현상을 분명하게 알게 되는 지혜가 생깁니다. 분명한 앎(pajānāti)은 차 모임의 이치인 상호 열림과 수용의 이치(緣起)를 분명하게 압니다. 즉, 다각茶角이 차를 정성스럽게 우려내어 손님에게 차 공양을 올리는 열림도 자신의 마음을 비우는 앎으로 작용합니다. 차 공양을 수용하는 손님 또한 그 순간에는 빈 마음이 됩니다. 이렇게 관찰 속에서 행다行茶의 행위를 알아차리는 순간순간 차 모임이 열림과 수용의 현현함을 분명하게 아는(pajānāti) 것입니다.

넷째, 분명한 앎에서 바르고 분명한 앎(sampajānāti)으로 발전합니다. 바르고 분명한 앎은 자기가 하는 것을 스스로 아는 것입니다. 차를 따르고 찻잔을 조심스럽게 들고 놓는 등의 일체 동작들을 스스로 자각하면서 하는 것입니다. 이렇게 알아차리면 머릿속에서 일체 생각이 일어나지 않게 되어 고요와 평온이 일어나고 의식이 명료해지며 깨어납니다. 이때는 상대를 주관적 시각으로 고정하거나 자신을 내세우는 등의 번뇌는 일체 용납되지 않기에 깨어 있는 상태를 유지하게 됩니다.

왜냐하면 알아차림으로 정성을 다하는 것이 바로 주의집중이며, 자기 비움이며, 상대방에게 끌려가지 않음이며, 자기가 자기를 아는 방법이며, 마음챙김이며, 깨어 있음이기 때문입니다. 그러므로 깨어 있음이 생깁니다. 더 나아가 대상의 무상을 알아차리면 현재 순간 깨어있을 뿐만 아니라 무상無常 · 고苦 · 무아無我 · 공

空의 지혜가 생깁니다.

이렇게 행다를 해 가면 접촉하는 대상으로부터 내 마음을 챙기게 되고 깨어나는 의식은 대상과 일치를 이루며 일체감이 생깁니다. 일체감이 이루어질 때는 마음이 동요하지 않습니다. 동요 없는 마음(禪定)이 생기면 '나'라는 생각에서 벗어납니다. 이때부터 무상無常 · 고苦 · 무아無我 · 공空이라는 법法(dharma)을 바르게 아는 지혜로 깨어있는 의식이 대상을 모두 법으로 선택하여 보게 됩니다. 이 법이 번뇌를 제거하고 다시는 번뇌가 생기지 않게 합니다.

행다行茶의 이루어짐은 알아차림의 확립(satipaṭṭhāna)

알아차림을 확립하는 과정에서 ①사띠(sati)로부터 시작하여 ②관찰(anupassī) ③분명한 앎(pajānāti) ④바른 앎(sampajānāti)까지 점진적이면서 함께 작용하여 이루어집니다.

행다선行茶禪의 차명상은 항상 마음의 거울인 관찰(anupassī) 속에서 사띠, 찰라삼매, 분명한 앎(pajānāti), 바른 앎(sampajānāti)이 함께 작용하여 이루어집니다.

앎(正知, sampajānāti)의 내용은 행다의 상호 열림과 수용의 이치(緣起)입니다. 그래서 행다行茶의 모든 행위를 알아차림(sati) 하면 수행주제인 상호의존인 연기緣起와 연기의 다른 이름인 공성空性, 그리고 무상無常 · 고苦 · 무아無我의 세 가지 특상을 바르게 아는 것입니다. 이것이 불사不死로 가는 길이며 사띠의 확립

(satipaṭṭhāna)이라고 하는 것입니다.

♣ 알아차리기 연습하기

찻잔을 잡으러 가고, 찻잔을 잡고, 마시는 일체 모든 행다를 알아차림 합니다. 구체적으로 움직임과 접촉에 따른 느낌을 알아차립니다. 예를 들어, 찻잔을 잡기 위해 손을 뻗칠 때 공기와 접촉에서 일어나는 시원한 감각을 즉각 아는 것입니다. 또 잔을 잡을 때 느낌을 즉각 알아차리는 것입니다.

간단하게 알아차림 명상을 하기 위해 미리 찻잔에 차를 담아두고 다음과 같이 해봅니다.

◎ 죽비 세 번 치고 좌종을 울립니다.

종소리 따라 주시하기
○ 숨을 들이쉬고 내쉬면서 시선을 코끝에 고정시킵니다.(10여 초)

긴장완화
○ 자신의 몸을 주시하고, 또 앞에 놓인 차 도구도 주시합니다.

모든 동작 알아차리기

○ 모든 동작의 감각을 알아차리고 다관에 차를 넣고 물을 붓습니다.

○ 차를 우려내어 찻잔에 찻물을 조심스레 따릅니다. 이때 찻물이 떨어지는 소리와 찻물이 찻잔 바닥에 닿을 때의 느낌을 알아차립니다.

찻잔과 차 색깔 보기
○ 찻잔에 차를 다 따르고 난 뒤 가만히 찻잔의 모양과 찻잔의 빛깔, 찻잔의 바닥에 그려져 있는 연꽃문양과 찻물의 맑고 투명함을 주시합니다.

찻잔 잡으러 가기
○ 이제 천천히 손을 뻗어 찻잔을 잡으러 갑니다. 손을 움직이는 동작마다 느낌의 변화를 알아차리면서 찻잔에 손이 닿았을 때의 촉감을 주시합니다.

찻잔 들고 주시하기
○ 잔을 들어 올릴 때의 무게감을 알아차리고, 몸쪽으로 잔을 가져오는 동작마다 그 움직임 하나하나를 주시합니다.

찻잔 입으로 가져오고 차의 물색 주시하기
○ 잔을 입으로 가져오면서 찻잔의 차의 물빛을 주시하고, 잔

속에 담긴 연꽃도 바라봅니다.

촉감 알아차리기
○ 잔이 입에 닿을 때의 촉감을 알아차립니다.

차향과 차 맛 음미하기
○ 천천히 차향을 느끼고, 차를 조금씩 마시면서 차 맛을 감지
　합니다.
○ 몸에 일어나는 반응, 생각, 감정의 움직임이 있는지 알아차
　립니다.

찻잔 내려놓기
○ 이제 잔을 서서히 내려놓으면서 역시 움직이는 순간순간을
　알아차립니다. 잔이 바닥에 닿을 때의 느낌, 무게감, 소리 등
　을 알아차리며 잔에서 손을 거두어들이는 동작까지 매순간
　변하는 동작들을 자각합니다.
○ 이제 행다를 마치면서 시선을 코끝에 두고 자기 몸과 마음
　의 반응을 가만히 약 10초 동안 주시합니다.
○ 마음속으로 내 옆과 앞의 사람 그리고 참석한 여러 사람과
　하나로 연결됨을 인식하면서 차의 물빛처럼 맑고 투명한 자
　비의 마음을 보냅니다.

◎ 끝남을 알리는 좌종을 울립니다.

이러한 알아차림의 효과를 확인하기 위해 다음 세 가지 방법을 적용해 봅니다.

1. 그냥 찻잔 잡으러 가는 방법

2. 명상언어의 길잡이에 따라 찻잔 잡으러 가는 방법

3. 명상언어의 길잡이 없이 찻잔 잡으러 가는 방법

먼저 1과 2를 비교하고, 다시 2와 3을 비교하면서 알아차림의 효과를 확인합니다.

(1) 바르지 못한 명상수단을 바르게 앎(sampajānāti, 正知)

행다 할 때는 먼저 몸에 일어나는 현상을 살핍니다. 오감의 대상은 모두 감각입니다. 시각의 대상은 빛깔과 모양인 차茶 색이고 청각의 대상은 찻물 떨어지는 소리, 찻잔 부딪치는 소리이며 후각의 대상은 차 향기이고 미각의 대상은 차 맛이며 촉각의 대상은 찻잔 잡을 때의 촉감과 목으로 넘어갈 때의 무게감 같은 감촉입니다. 이 오감의 대상만이 아니라 이 오감의 대상에 의해 촉발되는 감정, 생각 등도 알아차림의 대상입니다.

알아차림은 현재 이 순간의 현상에 대한 것입니다. 주객이 만나면 현상이 생깁니다. 생긴 것은 반드시 사라집니다. 이러한 현상을 법法이라고 합니다. 곧 법이란 대상을 의지하여 존재하는 것이지 자립적으로 존재하는 것이 아니며 다른 것을 의지하지 않고 저절로 생기지 않는다는 것을 뜻합니다.

　그러나 '언어문자'와 '생각'은 대상을 독립, 고정시키고 다른 것과 분리시키며 실체를 가지고 스스로 존재하는 것 같이 착각을 일으킵니다. 보이는 것과 그 대상은 전혀 일치하지 않음을 알아차림을 통해 알 수 있습니다. 즉, 말과 생각을 떠나는 방법이 알아차림이기도 합니다. 그리하여 알아차림은 안으로 몸과 마음과 밖으로 사물의 현상이 고정되어 있지 않으므로 변하며, 상호의존히여 둘이 아니며, 내재하는 것이 없으므로 비어 있음을 드러냅니다. 비어 있음인 공空은 곧 불사의 다른 이름으로 궁극입니다.

　그러므로 사띠를 잃으면 삶과 죽음의 근원과 모든 존재의 궁극을 모르게 됩니다. 그러나 사띠의 경지를 바른 앎으로써 잘 식별하고, 다음에 그 사띠로써 지켜야 합니다. 왜냐하면 사띠 그 자체는 취사선택의 능력이 없기 때문입니다. 그래서 반드시 바른 앎인 정지正知로써 무슨 현상(法)인가를 식별한다면 바르지 못한 길을 버리고 올바른 길로 가게 됩니다. 이렇게 사띠의 확립과정에서 바른 앎(sampajānāti)이 나왔지만 도리어 바른 앎이 사띠를 바르게 인도합니다.

　사띠(sati, 正念)와 바른 앎(sampajānāti, 正知)에 의지한다면 원만한 행다선行茶禪을 할 수 있게 됩니다. 사띠(sati, 正念)와 바른 앎(sampajānāti, 正知)이 명상의 길을 바르게 가게 합니다. 바른 앎이 들뜸과 혼침을 알아차리고 들뜸과 혼침을 제거하는 방법을 제시

합니다. 그밖에 명상수단, 명상대상을 바르게 알아서 부도덕함을 없앱니다.

알아차림(sati)은 명상수단입니다. 명상수단이 바르지 못하면 바른 체험이 없고 엉뚱한 길로 들어서게 됩니다. 바르지 못한 명상수단으로 먼저 느낌을 들 수 있습니다.

정지正知

알아차림이 약하거나 놓칠 때

엉뚱한 길로 감을 아는 것이 정지正知요

바르게 아는 앎을 의지하여 잘못을 다스릴 때

다시 바르게 가게 되니 이것이 대치對治이니

모든 것 불이不二임을

바르게 아는 정견에 의지하여

느끼려고 하는지 살피고

감정과 생각을 덧붙이고 있는가 살피고

의미부여 하는가 살피고

다른 것과 결부시키고 있는가 살피고

억지로 조작하고 있는가 살피고

없애려고 하는가를 알아차려

말과 생각의 가면에서 벗어나

연기실상 드러나 지혜 발현하니

모양의 속박에서 벗어나고

마음속 숨어 있는

과거 해로운 인연 트라우마의 속박에서 벗어나리

첫째, 느낌을 명상수단으로 생각하고 쓰는 명상자들이 있습니다. 바람소리를 느끼거나 햇빛, 바람이 스쳐 지나가면서 피부 촉감 등을 느끼는 것을 명상으로 생각하는 분들이 꽤 많습니다. 그러나 느낌은 명상수단이 될 수 없습니다. 느낌에는 좋은 느낌, 싫은 느낌, 무덤덤한 느낌이 있는데 좋은 느낌은 탐욕을 일으키고 싫은 느낌은 분노를 일으키며 무덤덤함은 자극이 약하므로 판단을 일으키기 어렵습니다. 그래서 무덤덤함은 무지를 일으킵니다. 따라서 느끼는 것을 명상하면 좋은 느낌을 추구하게 되고 결국 탐욕을 일으키게 됩니다.

이렇게 느낌에서 탐진치가 일어나기 때문에 느낌은 번뇌망상을 일으키는 원인이고 따라서 명상의 수단이 될 수 없습니다. 오히려 느낌으로 인하여 일어나는 탐욕과 분노와 어리석음을 없애려면 좋은 느낌, 싫은 느낌, 무덤덤한 느낌의 공통되는 현상으로서 변화하는 무상을 알아차릴 수밖에 없습니다. 우선 감각의 일어나고 사라짐을 알아차리는 것이 익숙해지면 과거의 느낌은 지나가서 돌아오지 않음을 관찰하고 미래의 느낌이 오지 않음을 알아차리고 현재의 느낌도 머물지 않음을 알아차립니다. 머물지 않음은 좋은 느낌, 싫은 느낌, 무덤덤한 느낌의 공통되는 현상입니다.

이렇게 알아차려 가면 모든 것은 '얻을 것이 없다'는 지혜를 얻습니다.

둘째, 의도를 명상수단으로 삼는 경우인데 의도는 명상수단이 될 수 없습니다. 체험이 없을 뿐만 아니라 애를 쓰다 피곤해지면서 명상을 포기하게 됩니다. 먼저 명상과 의도와의 관계를 파악하는 것이 중요합니다. 명상한다는 것에는 반드시 의도가 들어가 있습니다. 의도가 몸통이라면 알아차림은 손발이라는 수단이라고 보면 됩니다. 반대로 몸통이 알아차림이 되고 의도가 손발이 되면 문제가 발생합니다.

이러한 의도에는 느끼려고 하는 의도가 있고, 생각을 먼저 앞세우는 의도가 있으며 미리 결정하여 알려고 하는 의도도 있습니다.

느끼려고 하는 의도

느끼려고 하는 의도는 느낌이 지나가고 난 뒤에 느끼려고 하는 것입니다. 접촉(觸)에 의해 느낌이 일어납니다. 다음은 느낌(受)을 원인으로 하여 표상작용(想)이 일어나고 그 다음 형성작용(行)이 일어납니다. 이 형성작용이 바로 의도입니다. 따라서 느끼려고 의도를 낼 때는 느낌은 이미 사라지고 난 뒤입니다. 이러한 의도는 느낌이 사라지고 난 뒤에 생기지 않는 느낌(현상)을 억지로 느끼려고 하는 것이기도 합니다.

접촉했을 때 일어나는 현상을 알아채는 것은 마치 거미줄에 먹이가 걸릴 때 거미가 그 먹잇감을 낚아채듯이 하는 것입니다. 나타나지 않는 대상에 마음을 내는 것은 옳지 않으며 나타나는 현상을 알아차리지 않아 놓쳐버리는 것 역시 명상이 되지 않습니다.

예를 들면, 찻잔을 잡을 때 찻잔의 느낌을 느끼려고 하거나 차 맛을 음미할 때 차 맛을 느끼려고 하는 것을 말합니다. 이렇게 하면 느끼려는 의도와 차 맛 보려는 의도만이 있을 뿐 정작 알아차림의 대상인 접촉에 의해서 일어나는 현상(느낌)은 알 수 없게 됩니다. 또한 느낌이 사라지고 난 뒤 생기지 않는 느낌을 느끼려고 하는 것이기도 합니다. 당연히 느낌을 알 수 없습니다.

생각을 먼저 앞세우는 의도와 습관화

생각을 먼저 앞세우는 의도가 있습니다. 예를 들면, 찻잔을 잡으러 갈 때 접촉도 하기 전에 잡으러 가는 생각을 먼저 하고 찻잔을 잡으며, 찻잔을 들 때도 먼저 '듦' 하고 생각을 하고 드는 것과 같습니다. 이렇게 하면 잡으려는 의도적인 생각과 들려는 의도적인 생각만이 있을 뿐 접촉에 의해서 일어나는 감각 현상은 알 수 없게 됩니다. 이렇게 하는 것은 아직 나타나지 않는 대상을 미리 결정하여 마음을 내는 것입니다. 다시 말하면, 호흡할 때 숨을 내쉰다고 생각을 먼저 하고 내쉬고, 들이마신다고 먼저 생각하고 숨을 들이마시는 것과 같습니다. 이때 곧바로 호흡곤란 증세가 일어납니다. 이것은 호흡에 의도가 개입하면서 호흡이 부자연스러워졌기 때문입니다.

한발 더 나아가 '생각을 먼저 앞세우는 의도'가 습관화되면 생각을 앞세우기도 전에 의도가 바로 나옵니다. 습관화되어 너무나 자연스럽게 찻잔을 잡으려고 마음을 내어 잡거나, 찻잔을 들려고 마음을 내어서 들게 됩니다. 이와 같이 습관적인 의도가 앞서게 되면, 그 의도한 마음 때문에 상호 접촉에 의한 느낌과 현상을 알 수 없습니다. 여기에는 의도하는 마음만 있게 되는 것이므로 일어나고 사라지는 정신적, 물질적 현상의 진실을 모르게 됩니다. 이러한 마음과 생각은 바로 조작하는 업業이며, 진실을 모르는 무지입니다. 즉, 미혹의 상태입니다.

생기지 않는 것을 생긴 것으로
미리 결정하여 알려고 하는 의도

'생각을 먼저 앞세우는 의도'에서 한걸음 더 나아가서 '이미 생긴 것으로 결정하여 알려고 하는 의도'가 있습니다. 현상을 관찰할 때 생겨나지 않은 것을 생긴 것으로 미리 결정한 상태에서 관찰하려고 하면 안 됩니다. 또한 아직 사라지지 않는데 이미 사라진 것으로 알아차림 해도 안됩니다. 안 생긴 것을 미리 알아차리는 것도 알아차림이 아니며 억지이고 조작입니다. 원래 알아차림은 지나간 과거를 알아차릴 수 없고, 미래도 오지 않아서 알아차릴 수 없고, 현재 순간의 현상만을 알아차릴 수 있습니다.

아직 안 생긴 것을 알아차리려는 억지는 돌 여자가 아이 낳는 것과 같고 생긴 적이 없는 자식을 찾는 것과 같습니다. 결국 아무 현상도 알아차리지 못합니다. 그러므로 현재 이 순간의 알아차림

아닌 알아차림은 억지일 뿐 무의미합니다.

그러면, 행다선 할 때 아직 안 생긴 것을 미리 결정하여 보려고 하거나, 알려고 하는 습관으로 인해 일상생활에서는 어떤 일이 벌어질까요?

자기 자신이 어떤 일을 주도적으로 또는 능동적으로 추진하려 할 때 또는 대인관계 속에서 자신의 뜻만을 고집하고 자기가 결정한 것을 뜻대로 되지 않으면 괴로워합니다. 그리고 그 고통의 원인이 남에게 있다고 생각하는 오류를 범하게 됩니다. 왜냐하면 상대방이 처한 사정, 주변 환경이나 흐름에 대해 모르고 자기의 감정, 생각, 처한 상황도 전혀 알지 못하는 상태로 이미 결정한 자기 생각이나 의도만 있기 때문입니다.

(2) 잘못을 알아 바르게 대하여 치유한다 — 대치對治

잘못된 명상수단으로서의 느낌과 느끼려고 하는 의도는 알아차림이 없기 때문에 느낌과 의도가 무엇이라는 것을 아는 순간이 알아차림, 즉 명상의 시작임을 기억해야 합니다. 느낌과 의도도 하나의 현상임을 알아차려야 합니다. 특히 현상의 일어남과 사라짐을 알아차리고 더 나아가 조건에 의해 일어나고 사라짐을 알아차려 가는 것이 바른 앎(sampajānāti)으로 갑니다. 바른 앎은 모든 것은 변하는 무상無常이며 변하는 것은 불만족스러운 고苦이며 변하고 불만족스러운 것은 자기 뜻대로 할 수 없어 무아無我이며 실체가 없는 공空임을 아는 지혜를 얻고 바른 앎을 실천하는 것입니다.

느낌과 의도를 바른 명상 수단인 알아차림으로 전환하는 방법은 자신의 모든 행위를 한발 물러서서 거울처럼 비춰보는 연습과 의도를 멈추는 훈련이 필요합니다. 알아차림이 익어지기 시작하면 의도를 앞세우는 일이 멈추게 되고 마음에 눈이 생겨서 거울로 비춰보게 됩니다. 이렇게 잘못된 명상을 바르게 고치게 하는 것이 알아차림(sati)과 바른 앎(正知)입니다.

현재 순간 늘 깨어있기

접촉으로 일어나는 현상을 잘 알아차릴 때

과거는 지나가서 없으니
기억만으로 존재하는 과거, 그 기억은 현재이며

미래는 오지 않아 없으므로
추상만으로 존재하는 미래, 그 추상도 현재이며

현재도 머물지 않으므로
의식은 현재 이 순간 늘 깨어 있습니다

깨어 있는 마음은 거울(鏡)과 같이 되어 자신의 모든 것을 알면서 행하게 되고 점점 마음에 일어나는 번뇌망상이 줄어들어 감정의 찌꺼기가 사라져 가므로(고요함) 나의 주변과 상대방의 처한 사정 등의 흐름까지 객관적으로 보게 됩니다. 즉, 꿰뚫어 보는 앎(지혜)이 생겨서 궁극에는 삶의 문제만이 아니라 죽음의 고통까지 뛰어넘을 수 있습니다. 마음이 청정해지기 때문입니다.

(3) 수류화개의 행다선

의식이 각성하여 진리를 깨쳐가는 과정

행다선 할 때 마음이 거울(鏡)이 되려면 수류화개水流花開의 모습대로 하면 됩니다.

수류화개는 물 흐르고 꽃 핀다는 뜻으로 인위적인 것이 배제되어 자연스럽다는 것입니다. 물의 자연스러움은 땅의 조건에 의해 결정됩니다. 꽃이 피려면 흙, 물, 온도 등의 환경이 필요합니다. 직접원인(因)과 간접원인(緣)에 의해 물 흐르고 꽃 피듯이 행다선도 이와 같이 하면 말과 생각을 여읜 선禪의 경지에 이릅니다.

① 알아차림이 알아차림만 있을 때까지

첫째, 알아차림 하기 전에 먼저 수류화개를 생각합니다. 미리 느끼려고 하거나 생각으로 미리 조작하는 것을 방지하는 효과가 있습니다.

둘째, 다음 행다의 모든 움직임(모양, 빛깔, 향기, 맛보는 등 동작)을 알아차림 합니다. 그리하여 감정과 잡생각이 끼어들지 않는 상태인 알아차림만 있을 때까지 노력합니다.

셋째, 알아차림만 있을 때 찰나삼매가 일어납니다. 그 다음은 행다하는 모습이 물 흐르듯, 꽃 피듯 자연스러워질 때까지 알아차림 합니다. 자연스러워질 때까지 알아차림 하게 되면 수류화개의 행다가 저절로 나옵니다.

② 전체가 한눈에 보이다

넷째, 행다가 수류화개처럼 자연스러워지면 거울같이 대상이 보이기 시작합니다. 나아가 대상 전체를 보면서 동시에 부분을 알아차리게 됩니다. 또한, 본다는 것은 마음에 눈이 생겼다는 뜻이며 눈으로 볼 수 없는 느낌, 생각, 감정 등 마음의 현상을 관찰할 수 있다는 것입니다. 이때 비로소 대상의 변화(無常)와 변화로 인하여 현상의 무너지고 사라지는 것에 대한 불만족(苦)과 불만족의 현상에 대해 뜻대로 바꿀 수 없어서 주재하는 자아 없음(無我)을 관찰할 수 있습니다. 자기가 하는 것을 스스로 알 뿐만 아니라 의식이 현재 순간에 깨어 있습니다. 이때 알아차림은 선천적인 것처럼 익어져 있습니다.

③ 기쁨과 몸과 마음이 가벼워짐

다섯째, 이때 행다 하는 본인의 몸과 마음이 가벼워지기 시작하며 기쁨이 생기고 의식이 절로 확장되어 커집니다. 또한 바람

한 점 없는 맑은 호수와 같이 번뇌가 일어나지 않는 고요와 평안함이 생기며 거울같이 저절로 대상이 비치기 시작합니다. 그리고 행다 하는 모습을 다른 사람들이 볼 때 그 모습을 '아름답다'라고 느끼고 마음에 기쁨이 생기며 평안해집니다. 이것이 행다선의 현상입니다.

④ 행다의 결과는 텅 빈 마음과 현재 순간에 늘 깨어있는 지혜

여섯째, 비춰진 대상은 거울 속 영상과 같아 실체가 없는 공이며 자아 없는 무아로서 환영에 지나지 않음을 알게 됩니다(지혜). 마음이 본래 텅 빔을 알아차리는 지혜와 현재 순간에 늘 깨어있게 되는 지혜가 나타납니다.

2. 행다선 명상하기

행다선 차명상은 세상을 분별하여 왜곡과 착각을 일으키는 마음을 없앱니다. 행다선 차명상의 목적은 거름망[2]이 되어 번뇌망상을 걸어내고 세상의 진실을 바로 보게 하는 것입니다. 행다선 차명상의 거름망은 직관인 알아차림만 있는 것이 아닙니다. 눈으

---

2   거름망은 액체나 기체 속에 들어 있는 불순물을 걸러내는 기구, 또는 빛을 파장에 따라 선택적으로 투과시키는 작용을 하는 색유리 등으로 다양한 필터가 있다.

로 볼 수 없고 손으로 만질 수 없는 궁극적인 것을 알 수 있는 방법으로써 추리의 사유통찰이 있습니다. 직관과 추리의 거름망을 통해 시간적으로 모든 것은 변한다는 무상無常, 공간적으로 모든 것은 상호의존 한다는 연기緣起, 시간적으로 변하고 공간적으로 상호의존 하는 것은 내재하는 실체가 없다는 공空을 체득합니다. 체득된 무상·연기·공은 다시 인생과 세계를 바르게 보게 하는 진정한 지혜의 거름망이 됩니다.

언어와 생각으로 인해 자주 착각과 왜곡이 일어납니다. 그 착각과 왜곡으로 세계는 고정되고 분리되고 실체를 가지고 스스로 존재하는 것 같이 보입니다. 그러나 행다선 차명상의 알아차림과 사유통찰이 언어와 생각으로 인하여 생기는 왜곡과 착각을 제거하고 무상·연기·공이라는 진실을 보게 하여 삶과 죽음, 괴로움으로부터 대자유를 얻게 합니다.

알아차림인 직관과 사유통찰의 추리는 문사수聞思修 삼혜三慧의 영역에서 작동합니다. 알아차림은 주로 수혜修慧의 영역에서, 추리의 사유통찰은 문혜聞慧와 사혜思慧의 영역에서 사용하는 명상방법입니다. 그런데 수혜의 영역에서 사유통찰은 선정禪定(삼매三昧)에 의지해서 일체 모든 것을 사유통찰하는 것이 가능합니다.

행다선은 몸, 입, 마음의 행위로써 명상합니다. 몸은 찻잔을 들고 차 맛을 음미하는 등 몸 행위를 말하며, 입은 언어 행위이고, 마음은 생각하는 사유 행위를 말합니다. 행위의 움직임은 다양한 현상을 나타내므로 그 현상의 공통되는 이치를 아는 지혜를 계발하는 것이 행다선 명상입니다. 그래서 이치를 듣고 사유하고 행다하는 문사수聞思修의 명상흐름을 갖춥니다.

감정이 상하거나 쓸데 없는 망상이 수도 없이 일어나고 괴로움까지 일어나는 것은 사물을 잘못 보고 생각하는 것에서 비롯됩니다. 이를 종식시키는 방법으로 지혜가 필요합니다. 지혜가 생기게 하는 것은 듣고 사유하고 명상함으로써 일어납니다.

이처럼 문사수聞思修의 지혜를 통하여 언어를 의지하여 사물을 분리시키고 고정시키고 실체를 가지고 스스로 존재하게 하는 개념적 존재를 만들어 보게 하는 분별하는 모양(分別相)을 타파하고 모든 것이 타他를 의지하여 존재하는 상호의존의 모습(依他相)을 드러내며, 상호의존을 통해서 무아, 공이라는 진실한 모습(眞實相)으로 들어가는 깨달음을 보여줍니다. 그래서 행다선 명상은 명칭을 통한 통찰명상, 사유를 통한 통찰명상, 체험을 통한 통찰명상이 있습니다. 또한 이 과정 그대로 경鏡-환幻-공空의 행다선을 표현합니다.

명칭을 통한 통찰명상은 이치를 듣고(聞) 얻은 지혜로써 차명상 하는 방법입니다. 말과 생각을 의지하여 명칭(언어)을 사용하여 분별을 일으키는 언어를 해체시키고 마음거울이 생기게 합니다. 즉, 언어문자를 통해 도리어 말과 생각을 떠나 지켜보는 마음(거울)에 상호의존이 나타나도록 합니다. 이와 같이 상호의존을 분명하게 알아서 얻는 지혜가 문혜聞慧입니다.

이 문혜는 이치를 듣고(聞) 얻은 지혜인 문혜聞慧와 일치합니다. 모든 것은 상호의존 한다는 진실을 아는 문혜가 착각과 왜곡을 일으키는 분별하는 모양을 버리게 합니다. 더 나아가 무상과 무아, 공성의 지혜를 경험하는 경鏡 단계에 이릅니다.

사유를 통한 통찰명상은 사유하여 얻은 지혜(思慧)로써 차명상하는 하는 방법입니다. 차 맛을 사유분석하여 일체 모든 것의 공통되는 현상인 시간적으로 변하는 무상과 불만족스러운 고苦와 불만족을 뜻대로 할 수 없는 무아와 함께 공간적으로 상호의존(緣起) 하는 부분과 전체가 평등한 이것이 자체에 차별을 일으킬 고유한 실체가 없어 무자성無自性이며 무자성이 공이며 공이 상호의존이며 상호의존이 오직 마음의 현상임을 알고 사유 분석 할래야 할 수 없음에 이르러 멈추고 마음의 공함에 머물러 마음 공 하나와 공이라는 맛인 일미一味를 알게 합니다. 일미라는 진실함에 들어갑니다. 이것이 환幻 단계의 행다선行茶禪입니다.

체험을 통한 통찰명상은 이치를 듣고 사유하여 얻은 지혜에 의지하여 몸과 입과 마음의 행위를 알아차림 하는 차명상이 수혜修慧의 길입니다. 행다선을 실천하여 상호의존과 고유한 자체 성품이 없는 공성을 보게 함으로써 일미를 체득합니다. 일미라는 진실한 모습(眞實相)을 드러내어 일미가 공이며, 공의 뜻이 곧 깨달음의 뜻임을 몸으로 체득하는 수혜修慧로서 공空 단계의 행다선입니다. 이와 같이 행다선은 문사수와 분별상, 의타상, 진실상과 경환공의 체계를 갖추고 있습니다.

명상언어가 길잡이가 되어야 하는 이유

행다선에는 죽비 신호로만 진행하는 행다선과 명상언어로 진행하는 행다선 두 가지가 있습니다. 명상언어 행다선에서 남들에게 보여주기식 명상언어를 사용하면 참여자들이 지루하게 느끼며 명상에 집중하기 어렵습니다. 그리고 명상언어에 자기 감정을 넣으면 그 감정에 걸려 명상이 되지 못하게 합니다. 또 음성에 힘을 주거나 늘어뜨리는 것도 명상을 방해하는 요인이 됩니다. 꾸밈이 없는 자연스러운 음성으로 상대와 대화하듯이 명상언어로 길잡이를 합니다.

명상언어에는 줄거리가 있고 줄거리 속에는 모든 존재의 궁극적인 뜻(무상, 연기, 공성)이 있습니다. 붓다의 가르침을 듣고 그 자리에서 깨달음을 얻고, 조사祖師의 언구言句를 통해 깨달음을 얻는 이들이 생기는 이유입니다. 그래서 뜻을 머금고 있는 명상언어를 멘트하게 되면 듣는 사람의 마음에 있는 탐욕, 분노, 어리석음으로 생기는 감정이 완화되거나 없어지며 잘못된 기억과 잘못 알고 있는 견해가 소멸됩니다.

명칭을 통한 통찰명상과 사유를 통한 통찰명상은 첫째, 인도자의 명상언어를 통해 명상합니다. 둘째, 스스로 명상언어를 마음속으로 이야기하듯 명상합니다. 셋째, 명상언어 없이 명상합니다.

1) 경鏡의 차명상

인식대상에 대하여 착각과 왜곡을 일으키는 분별하는 모양에서 분별을 멈추게 하고 인식대상 전체를 거울같이 보면서 인식대상이 상호의존(의타상)으로 나타나게 하는 차명상입니다. 방법은 명칭을 통하여 언어에 의지하여 분별하는 것을 멈추게 합니다. 착각과 왜곡은 사물과 사람을 오해하게 하고 괴로움을 일으킵니다. 그래서 관계형성에 대한 통찰사유를 하기 위해 언어문자의 특성과 한계를 자각하고 사물과 직접 대면하는 관계형성에 대한 이해가 필요합니다. 착각과 왜곡을 줄이고 말과 생각을 떠나야 비로소 상호의존의 진실을 알게 됩니다.

분별성은 언어문자라는 필터를 의지하기 때문에 생기는 오염된 생각입니다. 언어문자는 타자를 부정합니다. 즉, 대상을 고정시키고 분리시키고 대상을 스스로 존재하게 합니다. 그래서 언어문자라는 필터를 버림으로써 대상을 고정시키고 분리시키고 대상을 스스로 존재하게 하는 분별을 버리고 상호의존인 타他를 의존하는 성품(依他性)을 드러냅니다.

상호의존이 드러나기 전에 나타나는 현상으로 전체를 보는 마음이 나타납니다. 알아차림에 의해 마음의 눈이 생깁니다. 마음의 눈이 전체를 보는 마음입니다. 하지만 명칭을 통한 통찰명상에서는 명칭을 붙이지 않음으로써 전체를 보는 마음이 나타나게 합니다. 전체를 보는 마음눈이 생기면 마음의 공간이 넓어져서 집착에 의해 생기는 우울증과 대상에 반응하는 스트레스가 줄어듭니다. 또한 사람과 사물의 상호의존이 보이기 시작합니다. 전체를 보는 눈이 익숙해질 때까지, 더 나아가 상호의존이 파악됨이 익숙할 때까지 꾸준히 명상합니다.

♣ 명칭을 통한 통찰명상

상호의존의 이치를 듣고 상호의존의 이치(聞慧)로 언어에 의존하여 고정되고 분리되고 스스로 실체를 가지고 존재하는 것 같이 분별하는 왜곡과 착각의 잘못된 견해를 없앱니다. 이것이 문혜聞慧로 차명상 하는 명칭을 통한 통찰명상입니다. 명칭을 통한 통찰명상을 하기 전에 먼저 차상을 포함한 차 도구 일체에 대하여 명칭 붙이기를 해본 다음, 아래와 같이 명상을 시도해봅니다.

첫째, 명칭은 대상을 고정, 분리시키고 스스로 존재하게 하여 부분만 보게 합니다.

◎ 좌종을 쳐서 시작을 알립니다. (좌종이 없으면 죽비를 칩니다.)

● 사물을 보려고 하지 않고 거울로 비춰보듯이 그냥 봅니다.

○ 시선을 코끝에 두었다가 숨을 들이쉬고 내쉽니다.

○ 차상 위에 있는 찻잔, 물 식힘 그릇, 다관, 차통 등을 명칭을 붙이기 전에 전체적으로 한눈에 들어오게 지켜봅니다.

○ 눈을 감고 마음으로 차상 위의 이미지를 봅니다.

○ 다시 눈을 뜨고 차상 위의 차 도구를 봅니다.

◉ 그 다음 명칭을 붙여봅니다.

◎ 죽비를 치고

○ 먼저 멘트에 따라 명칭붙이기 합니다.

◎ 죽비를 치고

○ 마음속으로 명칭붙이기 합니다.

◎ 죽비를 치고

○ 눈을 감고 상상으로 차상 위의 이미지에 명칭붙이기 합니다.

◎ 죽비를 치고

○ 눈을 뜨고 눈으로 사진을 찍듯이 보면서 명칭붙이기 합니다.

◉ 차 도구를 보려고 하지 않고 그냥 봅니다.

○ 차상 위에 있는 찻잔, 물 식힘 그릇, 다관, 차통 등을 명칭을 붙이지 않고 그냥 봅니다.

○ 눈을 감고 마음으로 차상 위의 이미지를 그냥 봅니다.

○ 다시 눈을 뜨고 차상 위의 차 도구를 그냥 봅니다.

● 명칭 붙였을 때와 명칭을 붙이지 않을 때를 비교합니다.

◎ 좌종을 치고

○ 명칭을 붙였을 때는 차 도구 하나하나에 집중되며, 고정되며, 차 도구 하나하나가 분리되고 부분으로 인식되며 각각 스스로 존재하는 것처럼 보이는 현상을 이해합니다.

○ 명칭을 붙이지 않을 때는 차상에 있는 차 도구 전체가 한 눈에 들어오는 체험을 통해 이해합니다.

둘째, 명칭을 떠나 지혜를 얻습니다.

● 전체를 보고 있는 가운데 차 도구의 상호의존을 확인하고 지혜를 얻습니다.

◎ 좌종을 치고

○ 그 다음 명칭을 붙이지 않고 차상에 있는 차 도구 전부를 놓여 있는 그대로 봅니다.

○ 차 도구들이 놓여 있는 그대로 볼 때는 하나하나가 분리되어 있지 않고 상호의존 관계로 분리되어 있지 않고 연결되어 있으며, 고유의 실체성을 갖고 있지 않음을 즉각 알아차립니다.

◎ 좌종을 치고

○ 숨을 들이쉬고 내쉬면서 어깨에 힘을 빼고 시선을 코끝에 고정시킵니다.(10여 초)

○ 차상 위의 차 도구를 명칭으로, 머리로 생각해서 보지 않고 그냥 전체를 봅니다.

○ 차 도구 일체가 유기적인 관계임을 이해(지혜)합니다. – 상호 의존

○ 전체를 보면서 다관에 차를 넣고 물을 붓고 차를 우리는 등 행다를 시작합니다.

○ 이때 행다 하는 순간순간 움직이고 있음을 알아차립니다. – 무상無常

○ 움직일 때 대상이 고정되어 있지 않음을 즉각 이해(지혜)합니다. – 불만족, 고苦

○ 행다 하는 동작 전체가 순간순간 지나가면서 과거는 지나가서 없고 미래는 오지 않아 없으며 현재도 머물지 않음을 이해(지혜)합니다. – 공백 → 무자성無自性

● 차 맛을 보고 찻잔을 내려놓습니다.

◎ 좌종을 치고

○ 찻잔의 모양과 찻잔의 빛깔, 찻잔 바닥의 문양을 보고, 찻물의 맑고 투명함을 봅니다.

○ 찻잔 전체가 한눈에 들어오는지 봅니다.

○ 찻잔을 들고 찻물의 흔들림이 조용해지면 숨을 들이쉬면서 향기를 느끼고 맛을 음미합니다.

○ 색향미가 목을 통과하여 몸 안으로 시냇물이 흐르듯이 흘러 들어감을 지켜보면서 배꼽 부분에서 '모래에 물이 스며들 듯이' 하고 상상합니다.

◎ 좌종을 치고 좌종 소리가 끝나고 들리지 않는 마음의 여운 까지 명상 합니다.

◎ 끝났음을 알리는 죽비 세 번을 칩니다.

2) 환幻의 차명상

모든 사물이 고정, 독립, 분리, 스스로 존재하게 보이는 것을 사유를 통해 상호의존을 드러냄으로써 모든 것은 환과 같다는 진실을 드러내고 고정, 독립, 분리, 스스로 존재함은 모두 환임을 드러내어 상호의존의 의타상에서 공의 진실상을 드러나게 하는 차명상입니다.

♣ 사유를 통한 통찰명상

사유를 통한 통찰명상은 상호의존의 현상 즉, 의타상을 통해 공의 진실상을 드러냅니다.

명칭붙이기를 통한 상호형성에 대한 이해를 의지하여 더 구체적인 사유통찰 명상을 통해 정견正見을 세우고 체험하도록 합니다.

사유란 생각입니다. 특히 볼 수 없고 만질 수 없는 대상을 사유하여 진실을 규명합니다. 즉, 사유를 통해서 직관으로 알기 어려운 무無나 공空을 인식대상으로 하여 파악할 수 있습니다.

　사유의 기능에는 첫째, 사람이나 사물을 생각한다고 했을 때 생각은 화살로 겨냥하듯이 생각하고 있는 대상에 겨냥하는 뜻이 있습니다. 즉, 집중입니다. 둘째, 사유는 사유 분석 할수록 발전합니다. 목적지 끝까지 꿰뚫어갑니다. 셋째, 그 대상을 분석하고 해체시키는 뜻이 있습니다. 넷째, 분석 해체를 통해 진실이 드러나도록 합니다. 그 진실은 무상, 상호의존(연기), 무아, 공입니다. 이것을 하나로 통하는 일미로 사유통찰(思慧) 하여 마음의 본성을 자극합니다. 자체 훈습력인 잠재능력이 나타나 생사가 없는 심청정心淸淨이 현현하도록 합니다.

　□ 대중과 함께할 때 인도자의 명상언어가 필요합니다. 이때는
　　 대화하듯이 명상언어로 인도합니다.

사유를 통한 통찰명상을 아래와 같이 실시해봅니다.

◎ 시작을 알리는 죽비 세 번 치고 좌종을 한번 울립니다.

○ 좌종의 신호 소리를 들으면서 편안히 숨을 들이쉬고 내쉬면
　　서 시선을 잠시 코끝에 두고 눈을 감습니다.
○ 찻잔에 차를 따르고 차 맛을 두 번 나누어 음미하고 그 맛을

잊어버리지 않습니다.

○ 차방을 상상으로 시각화합니다. 창문에 햇빛이 들어와 차방
은 밝습니다.

○ 차상을 앞에 두고 차상 위에 다관, 수구, 명상찻잔, 물 끓이
는 도구 등 다구 일체를 하나하나 갖춥니다.

○ 왼쪽 벽에는 '다선일미茶禪一味'라고 쓴 족자를 걸어 둡니다.

○ 차상 앞에 조용히 마음을 가다듬고 앉아 있음을 상상합니
다.

○ 상상으로 다관에 차를 넣고 따르고, 우려낸 차를 명상찻잔
에 따릅니다. 상상에서 차를 마십니다. 이제부터 차를 매개
로 관계 형성을 사유통찰합니다.

이 사유를 통하여 안으로는 몸과 마음의 관계, 밖으로는 자아
와 비자아非自我와의 관계, 자기와 부모, 형제, 부부, 자녀와의 관
계, 자기와 사회와의 관계, 자기와 자연환경과의 관계 등을 살펴
봅니다. 그리고 차와 다기 등 차 도구가 있어 한 잔의 차 맛이 있
음을 함께 사유통찰합니다. 사유통찰을 순서대로 이어갑니다.

상상의 다실을 시각화하는 것에는 여러 가지 뜻이 있습니다.
상상하는 것은 고도의 집중력을 키우며 상상의 내용 그대로 실현
될 수 있도록 마음을 익히는 것입니다. 다실을 상상하는 내용 속
에 '다선일미'의 족자를 걸어 놓는 것은 행다선의 목적이 깨달음
이기 때문입니다. 그리고 뜰 앞 연못의 '연꽃이 활짝 피어 있음'은

깨닫는 순간을 상징하는 것입니다.

　명상언어로 명상을 인도하는 사람은 행다선 수행자들의 이해를 돕기 위해 명상언어를 다르게 첨가하여도 됩니다. 대화하듯이 명상언어를 구사합니다.
　특히 상상의 다실에서 벗어나 실제 차를 음미하면서 명상을 이어갈 수 있습니다.

　○ 차상 위에 놓인 명상찻잔의 차 맛을 음미하면서 이 차 맛이 여러 조건에 의해 발생함을 생각합니다. 그리고 우주와 하나로 연결되어 있음을 시각화하여 다음과 같이 관계망의 이치를 생각합니다.
　◎ 죄종을 칩니다.

　○ 첫 번째 맛을 음미하면서
　① 차 맛이 찻물과 혀와 미각의식의 삼자의 화합으로 인하여 발생함을 이해합니다.
　② 차 맛은 차의 도구 일체와 자신과 연결되어 있으며 차 맛을 느끼게 하는 연결고리로서 차 따는 사람, 차 만드는 사람, 차나무, 흙, 빗물, 바람, 햇빛과 연관되어 있으며, 햇빛은 태양, 공간에, 공간은 우주를 포함한 공간 등과 상호연결되는 인연에 의해 차 맛이 있음을 압니다.

◎ 좌종을 칩니다.

○ 두 번째 맛을 음미하면서

③ 차 맛을 일으키는 이 모든 것은 원인과 조건의 상호작용으로 인하여 하나로 연결되어 둘이 아님을 통찰함으로써 차 맛의 연기를 드러냅니다.

④ 차 맛의 발생과 연결의 뜻을 통하여 차 맛의 부분이 전체를 이루고 전체 속에 부분이 존립함을 생각합니다. 이러한 부분과 전체의 상호의존을 통하여 분리되어 있고 별개라는 잘못된 생각을 타파합니다.

⑤ 따라서 부분은 전체이고, 전체는 부분이며 전체와 부분은 동등함을 생각합니다. 이분법적 사고로 인한 차별을 타파하여 모든 존재가 평등한 하나의 성품인 일미一味임을 사유하고 이해합니다. (마음속으로 차별하고 명칭을 붙이면서 흐르는 시냇물에 흘려보냄을 상상합니다.)

⑥ 차 맛과 우주의 관계가 부분과 전체로서 농능하며 우주의 인드라망, 세계의 유통 연결망, 전화망, 인터넷망, 인체의 신경망, 이 모든 망의 근원이 앎에 의해 주객이 하나로 만남의 장場을 이루고 마음의 망 하나로 연결되어 둘이 아님을 생각합니다. 모든 존재가 상호의존하므로 독립된 것은 없음을 이해하고 하나의 맛(일미)인 '마음의 망網'임을 이해합니다.

◎ 좌종을 칩니다.

○ 세 번째 맛을 음미하면서

⑦ 차 맛은 상호의존하여 생긴 것이므로 시간상으로 끊임없이 변하는 무상無常이요, 무상을 통하여 모든 존재는 형상이 없음을 알게 됩니다. 그럼에도 불구하고 형상이 보이는 것은 모두 마음이 형상화되어 나타나는 것입니다. 그러므로 변하지 않고 고정되어 있고 독립되어 있다고 알고 있는 것은 '잘못된 견해'임을 알고 그 잘못된 견해를 버립니다. (마음속으로 '잘못된 견해' 하고 명칭을 붙이면서 아침이슬같이 사라짐을 상상합니다.)

⑧ 차 맛과 우주는 생긴 것은 사라진다는 점에서 모두 마음의 현상에 불과합니다. 그러므로 대상이 고정되어 있고 분리되어 있고 스스로 존재한다고 생각하고 집착함은 괴로움임을 이해합니다. 몸과 사물의 소유는 즐거움이라는 잘못된 견해를 버립니다. (마음속으로 '잘못된 견해' 하고 명칭을 붙이면서 꿈에서 깨듯이 허망함을 상상합니다.)

⑨ 차 맛과 우주는 또한 둘이 아니므로 개체의 자아란 존재하지 않음을 이해하고 유아有我라는 잘못된 견해를 버립니다. (마음속으로 '잘못된 견해' 하고 명칭을 붙이면서 물에 비친 달과 같이 잡을 수 없음을 상상합니다.)

⑩ 또한 모든 존재가 상호의존하여 연기하므로 자성이 없어 공함을 사유하여 이해합니다. 모든 존재가 실체를 주장하는 불멸의 자체성품(自性)은 존재하지 않음을 알게 되어 자성

의 잘못된 견해를 버립니다. (마음속으로 '잘못된 견해' 하고 명칭을 붙이면서 번갯불처럼 나타났다 사라짐을 상상합니다.)
◎ 좌종을 칩니다.

○ 네 번째 맛을 음미하면서
⑪ 결론적으로 연기법을 듣고 사유 분석해 가면 연기란 모든 존재가 타(他)를 의존하여 존재하므로 최초의 원인인 처음과 끝이 없고 내재하는 것이 없어 공입니다. 그러므로 잘못된 견해는 마음의 문제이므로 사유통찰하는 마음을 포착하고 그 마음에 집중하여 '마음의 연기공'인 본래부터 모든 견해 없음을 보아야 함을 알 수 있습니다.

○ 말과 생각이 대상을 고정화시키고 실체화 하는 데서 잘못된 견해가 생깁니다. 그러므로 잘못된 견해 속에는 있음과 없음이 분명하고 처음과 끝이 있습니다. 하지만 상호의존은 발생의 원리이며 변하므로 고정되어 있는 유有가 아니며 변하므로 없어지는 무無가 아닙니다. 변하므로 처음을 정할 수 없고 변하므로 끝을 정할 수 없어 언어와 생각의 한계가 옵니다. 그래서 '이것이다'라고 결정할 수 없으며, 내재하는 그 무엇도 생각으로 찾을 수 없음을 알고 더 이상 나아갈 수 없는 벽(한계)을 느끼게 되므로 말과 생각을 떠나야만 이 벽을 넘어 갈 수 있다는 것입니다.

○ 이런 관계성을 알아차리게 되면 상상의 다실에서 벗어나 살며시 눈을 뜹니다. 차상 앞의 차를 음미하면서 이 맛이 우주와 하나로 관통되는 일미의 이치를 차 맛에서 우주까지 시각화하여 보면서 마무리 합니다.

◎ 끝나는 죽비신호를 보냅니다.

위와 같이 명칭을 통해서든 사유를 통해서든 관계성 통찰사유를 하게 되면 다음과 같이 모든 것을 객관적으로 보는 힘이 생깁니다.

첫째, 늘 새로운 사실들을 알게 됩니다. 즉, 원인과 조건의 결합으로 만들어진 것의 결과는 같은 것이 하나도 없음을 이해하게 됩니다. 따라서 순간순간 늘 새로운 사실을 창출하게 됨을 아는 것입니다.

둘째, 똑같은 것이 없고, 새로운 것이라고 생각되는 것도 이것과 저것의 조합에 의한 것이므로 모든 것은 꿈 같고 물에 뜬 달 같은 환영임을 알게 됩니다.

만일 이것이 생각이라면 앞생각과 뒷생각이 연결 결합할 때 새로운 생각이 창출됩니다. 또 지난날 일어난 생각과 오늘 들은 새로운 이야기가 결합하여 새로운 생각이 만들어지고 기억되는 것입니다. 여기에 자신과 관련되는 것이라면 자기 합리화시키기 위해 감정과 생각이 덧붙여집니다. 이 때 새로운 생각과 기억이 생깁니다. 이것이 소문으로 발전하여 존재하지도 않는 것이 있는 양 이야기되기도 하며 주위 사람들에게 사실인 양 이야기하게 됩니다. 그리하여 당사자나 많은 사람을 불편하게 만들기도 합니다.

본인의 머릿속에서 어렴풋한 심증만 있던 것이 다른 생각과 결합하는 순간 확실한 사실로 둔갑하여 기억되고 사실인 양 이야기합니다. 다른 사람이 볼 때는 그 사람이 거짓말하는 것처럼 보이지만, 말하는 자신은 그것을 진실로 생각하고 이야기합니다. 우리들 자신도 그럴 수 있기 때문에 이러한 사실을 알게 되면 꿈 같고 물에 뜬 달 같은 환영임을 알게 되고 어느덧 남을 이해하게 됩니다.

셋째, 또한 상호관계가 연관되어 연쇄반응으로 일어나기 때문에 변화와 시간의 이치를 이해하게 됩니다.

넷째, 모든 것과 상호소통이 생김을 알게 됩니다.

다섯째, 모든 것이 둘이 아닌 하나임을 이해합니다(不二).

여섯째, 나와 남이라는 경계선이 없어짐을 이해합니다(無境界-無分別).

일곱째, 조작이 없어지며(無造作), 맹목적이고 습관적인 것이 없어집니다. 즉, 업의 장애가 소멸함을 이해합니다.

여덟째, 마지막에는 자아가 사라집니다. 즉, 무아공임을 깨치게 되어 모든 것과 소통이 이루어지면서 지각있는 존재들을 자기 몸처럼 아끼는 진정한 자비가 실현됩니다. 즉, 자기 것을 상대에게 주어서 기쁨을 일으키고 상대의 고통을 없애 주는 것이 곧 나의 행복임을 이해합니다.

3) 공空의 차명상

환의 차명상에서 얻은 상호의존에서 공성으로 들어가는 단계에서 공성을 온전히 체득하는 명상이 공의 차명상입니다. 공의 차명상은 몸으로 체험하는 행다선으로 체험을 통한 통찰명상입니다. 몸으로 체험하여 지혜를 얻는 것은 수혜로서 체험을 통한 통찰명상입니다. 체험을 통한 통찰명상은 문혜의 명상과 사혜의 명상을 통해 얻은 지혜를 의지하여 수혜의 명상을 합니다. 문혜와 사혜를 원인으로 하지 않는 명상은 단지 형식적인 명상에 불과하고 체험이 제한적입니다.

체험을 통한 통찰명상은 상호의존, 무상, 고, 무아, 최종에는 고유한 자체 성품이 없는 공성이 드러나게 하는 수혜의 차명상입니다. 즉, 차 맛으로부터 삼라만상 우주의 일체 모든 존재는 공空이며 공이라는 '하나'와 공이라는 '맛'으로 관통합니다. 그래서 일미一味가 진실상眞實相입니다. 문혜로 분별상을 타파하고 의타상을 드러내고 사혜로 의타상을 의지하여 진실상을 드러내고 수혜로 일미의 진실상에 들어가는 깨달음을 이룹니다. 일미의 진실상에 들어가는 것이 공의 차명상입니다.

♣ 체험을 통한 통찰 명상

체험을 통한 명상은 듣고 사유하여 얻은 법이 진실인지 거짓인지 확인하는 명상수행이기도 합니다.

♠ 색향미 감로차 마시기

(1) 색·향·미 감로차 마시기의 뜻

'감로'는 마음의 움직임이 없는 불생불멸의 열반을 비유한 말입니다. 열반은 공성의 다른 이름입니다. 또한 감로수는 불사의 약입니다. 따라서 차를 마실 때 나타나는 몸의 현상과 정신 현상을 무상無常·고苦·무아無我·공空으로 알아차리면 무상·고·무아·공의 지혜가 일어나고 이 지혜에 의해 잡생각과 감정 등이 사라지면서 열반인 감로가 나타납니다.

공空을 아는 방법을 『중론』에서는 무상즉공無常卽空과 인연즉공因緣卽空이라고 하였습니다. 명상하기 전에 무상즉공 또는 인연즉공에 대한 이해를 먼저 하고 그 다음에 알아차림의 직관으로 무상·고·무아를 바로 본다면 그 다음 공성의 지혜를 얻고 체득할 수 있습니다.

찻물의 색·향·미는 내 안의 몸을 의존합니다. 찻물이 목을 타고 내려가면서 찻물이 내부의 몸과 접촉할 때 인因과 연緣의 접촉으로 여러 가지 현상이 나타나는데, 일어나고 사라지는 무상의 특성을 가지고 있습니다. 그래서 무상無常으로써 관하여 공성으로 들어가면 무상즉공無常卽空이며 인연에 의해 생멸하므로 생멸에는 실재하는 것이 없어 공하므로 인연즉공입니다.

색·향·미 찻물이 목으로 넘어갈 때는 '시냇물이 흐르듯이' 하고 연상합니다. 배꼽 부위를 지날 때는 '모래에 물이 스며들 듯이' 하고 연상해야 합니다. 그렇게 하면 자연스럽게 몸에 차의 색향미가 흡수됩니다. 이와 같이 그 과정에서 나타나는 현상의 변화를 알아차리는 관찰을 하면 됩니다. 그러나 인위적으로 찻물의 흐름(氣)을 올리고 내리고 하면 현상의 알아차림이 이루어지지 않을 뿐만 아니라 기공병氣功病에 걸릴 수 있어서 유의해야 합니다.

(2) 몸속에 흐르는 다섯 가지 기운

차의 기운과 몸속의 기운은 명상 속에서 공명합니다. 그래서 차를 마시고 명상하면 몸에서 왕성한 기운의 흐름이 생기고 마음에 기쁨이 생기며 몸이 새털같이 가벼워지는 경안이 일어납니다. 차는 커피와 다르게 흐르는 기운이 있습니다. 열매는 갈무리하는 특성이 있는 반면 차 잎은 발산의 특성이 있어서 차 잎을 법제해도 그 성격이 사라지지 않습니다. 발산하는 차의 기운은 명상을 도와주고 다선일미의 깨달음을 성취하게 하는 조건이 됩니다.

화가 나면 화의 불기운이 위로 올라가서 얼굴이 붉어집니다. 화의 불기운은 목, 혀, 눈, 머리에 악영향을 주어 갖가지 병을 일으킵니다. 그러나 차를 마시면 물의 청량한 기운이 머리로 올라가게 되고 불의 뜨거운 기운은 아래로 내려갑니다. 좋은 차는 마시면 마실수록 차의 기운으로 몸과 마음이 가벼워집니다. 차의 기운이 의식을 각성시키고 집중과 분석에 도움이 되기 때문입니다.

우리의 마음과 기운은 분리되어 있지 않습니다. 우리가 신체의 어느 부위에 마음을 두게 되면 자연히 기운의 흐름이 마음을 둔 신체 부위로 흐르게 됩니다. 그러므로 발가락이나 손가락, 정수리에 의식을 두고 찻물 스며들기를 할 때에 의도적으로 마음을 일으켜 기운을 발가락으로 내리거나 손가락으로 내리거나 정수리 쪽으로 올리면 안 됩니다. 의식이 있는 곳이면 바람(에너지)이 그쪽으로 저절로 흐르는데 의도적으로 기운을 움직이면 몸에 결절이 생겨 기공병氣功病에 걸릴 수 있습니다. 바람은 기운이며 에너지입니다. 우리 몸에 흐르는 기운들을 잘 알고 명상할 때 명상의 효과를 더 높일 수 있습니다.

몸속의 다섯 가지 기운의 흐름은 다음과 같습니다.

첫째, 생명유지의 바람(持命氣)은 정문 뇌에 위치하고 있으며 가슴에도 있습니다. 마음의 안정과 집중을 키우고 감각 등을 명료하도록 조절합니다. 생명유지의 기운은 감각기관을 밝게 하고 사유가 지속되게 하며 지혜를 증장시키는 능력이 있습니다. 또한 심장에 있는 에너지 통로에 생명을 유지하는 기능을 가지고 있는데 생명유지의 기운이 주로 위치하고 있기 때문입니다.

둘째, 상승하는 바람(上行氣)은 가슴과 흉부에 위치하고 있습니다. 가슴에서 기운이 상승하는데 말하고 듣고 호흡하고 생각하기 때문입니다. 말과 생각, 호흡으로 인해 기운은 더 위로 상승합니다. 이 기운은 호흡, 말의 활력, 몸의 무게, 육체적인 활력, 안색과 피부의 윤택, 기억, 정신적인 인내, 근면을 조절하는 기능을 맡고 있습니다.

셋째, 편재의 바람(遍行氣)은 가슴에 위치해 있습니다. 심장에서 온 몸으로 피를 보낼 때 기운도 함께 흐릅니다. 그러므로 혈액을 맑게 하고, 들어 올리고, 걷고, 뻗고, 근육의 수축 등을 조절하고 관장합니다.

넷째, 평등하게 머무르는 바람(等住氣)은 위장과 복부에 위치해 있습니다. 음식을 소화시키고 신진대사를 조절합니다. 또한 뼈, 살, 피, 정액 등을 숙성시킵니다.

다섯째, 하향하는 배설의 바람(下行氣)은 직장, 창자, 회음부에 위치하고 있습니다. 소변, 배변 등 노폐물을 배설하고 다리를 움직이기 때문에 기운이 아래로 움직입니다.

이와 같은 몸속의 다섯 가지 기운은 육체와 정신의 기능들을 작동하게 합니다. 또한 차의 발산하는 기운과 명상의 집중력은 상호의존하여 공명을 일으킵니다. 공명하는 기운은 몸을 가볍게 하고 신체기능을 향상시킵니다. 산란심이 줄어들고 부정적인 감정이 줄어들며 집중력이 높아지고, 명상 대상을 꿰뚫어 보는 지혜가 일어나게 합니다.

(3) 색·향·미 감로차 마시기 명상 실습

◉ 행다 시작과 과정

◎ 죽비를 세 번 치고 시작을 알리는 좌종을 울립니다.

○ 숨을 들이쉬고 내쉬면서 어깨에 힘을 빼고 시선을 코끝에

고정시킵니다.(10여 초)

○ 차상 위의 차 도구를 명칭으로 보지 않고 그냥 전체를 봅니다.

○ 전체를 보면서 차 도구 일체가 유기적인 관계임을 이해(지혜)합니다. - 인과의존, 상호의존

○ 전체를 보면서 다관에 차를 넣고 물을 붓고 차를 우리는 등 행다를 시작합니다.

○ 전체를 보면서 행다 하는 순간순간 움직이고 있음을 알아차립니다. - 무상無常

○ 다기와 접촉하는 순간순간 느낌을 알아차립니다. - 무상無常

○ 전체를 보면서 보이는 다기 등이 움직일 때 고정된 것은 없다는 사실을 즉각 이해(지혜)합니다. - 허망虛妄 - 고苦

○ 접촉하는 순간 느낌이 일어나고 접촉이 사라지면 느낌도 소멸함을 알아차립니다. - 허망虛妄 - 고苦

○ 행다 하는 동작 전체가 순간순간 지나가면서 과거는 지나가서 없고 미래는 오지 않아 없으며 현재도 머물지 않음을 이해(지혜)합니다. - 공백空白

□ 행다 할 때 나타나는 모든 현상을 과거, 현재, 미래로 관찰하고 머물지 않음에 머물면 공백상태가 옵니다. 공백상태에서 머물지 않음에 머물고 있는 마음이 관찰될 때는 마음의 본래 성품(無自性)에 들어갈 수 있는 길이 열립니다.

● 차의 색향미를 보고 지혜 얻기

★ 맑고 투명한 차색

○ 찻잔의 모양을 봅니다. 찻잔의 빛깔을 봅니다. 찻잔 바닥의 연꽃문양을 봅니다. 찻물의 맑고 투명함을 봅니다. 찻잔 전체가 한눈에 들어오는지 봅니다.

○ 찻잔을 들어 올릴 때의 무게감을 알아차리고, 찻물의 움직임이 잔잔해질 때까지 가만히 기다립니다.

◎ 좌종을 치고 명상시간을 가집니다.

★ 맑고 향기로운 차향

○ 잔을 입으로 가져오면서 찻물의 맑고 투명함을 바라보고 숨을 들이쉬고 내쉬면서 차의 향기를 알아차립니다.

◎ 좌종을 작게 치고 명상시간을 가집니다.

★ 오미五味의 차 맛 보기

○ 차 맛을 음미하고 찻잔을 내려놓습니다. 입안의 다섯 가지 차 맛을 알아차림 합니다.

◎ 좌종을 치고 명상시간을 가집니다.

★ 차 맛을 통하여 지혜 얻기

○ 찻잔을 들고 첫 번째 맛을 보면서 행다 하는 주체로서의 자기 자신과 차 도구 일체는 원인과 조건에 의하여 상호작용

에 의하여 차 맛이라는 결과가 일어남을 이해합니다. - 인과
의존

○ 두 번째 맛을 보면서 혀와 찻물과 미각의식의 삼자가 상호
의존이며 만남의 장場임을 알아 이 만남의 장에 의하여 맛
이 있음을 이해하고 모든 것도 이와 같이 불이不二임을 이
해합니다. - 상호의존

○ 세 번째 맛을 보면서 차 맛의 변화를 알아차리고 독립된 자
아나 실재를 가지지 않음을 알아차립니다. - 법무아法無我

○ 찻물이 뱃속으로 들어갔는데도 불구하고 차 맛을 감지 못함
을 알아차리고 내 몸 안에 '주재하는 자아 없음'을 이해(지
혜)합니다. - 인무아人無我

● 차의 색향미로 내면을 보면서 공성의 지혜 얻기

○ 찻잔을 내려놓고 상상 속에서 찻잔을 들고 차를 마시고 숨
을 들이쉬고 내쉬면서 차향과 차 맛을 음미합니다. 찻물이
목으로 넘어갈 때 부피감과 무게감을 느낍니다.

○ 색·향·미를 머금은 맑고 투명한 찻물이 '시냇물 흐르듯' 함
을 연상합니다. 내부로 흘러 들어갈 때는 '모래에 물이 스며
들 듯이' 하고 연상하여 배꼽 부분으로 스며들게 합니다.(등
주기等住氣가 활성화됩니다.) 이어 온몸의 세포에 스며들게 합
니다.

◎ 좌종을 한번 칩니다. 좌종의 울림이 끝나고도 잠시 동안 온

몸 스며들기를 합니다.

○ 의식을 발가락 끝에 두고 찻물이 온몸의 세포에 스며들게 합니다.(하행기下行氣가 활성화됩니다.)

◎ 좌종을 한번 칩니다. 좌종의 울림이 끝나고도 잠시 동안 온몸 스며들기를 합니다.

○ 의식을 배꼽에 두고 찻물이 온몸의 세포에 스며들게 합니다.(등주기等住氣가 활성화됩니다.)

◎ 좌종을 한번 칩니다. 좌종의 울림이 끝나고도 잠시 동안 온몸 스며들기를 합니다.

○ 의식을 손가락 끝에 두고 찻물이 온몸의 세포에 스며들게 합니다.

◎ 좌종을 한번 칩니다. 좌종의 울림이 끝나고도 잠시 동안 온몸 스며들기를 합니다.

○ 의식을 머리끝 정수리에 두고 찻물이 온몸의 세포에 스며들게 합니다.(상행기上行氣와 지명기持命氣가 활성화됩니다.)

◎ 좌종을 한번 칩니다. 좌종의 울림이 끝나고도 잠시 동안 온몸 스며들기를 합니다.

○ 의식을 동시에 발가락, 손가락, 머리 끝에 두고 찻물이 온몸의 세포에 스며들게 합니다.(변행기偏行氣가 활성화됩니다.)

○ 찻잔을 입에서 떼고 가슴 부근에서 잡은 상태에서 조용히 몸과 마음의 반응을 살펴봅니다.

○ 그런 다음 상상 속에서 찻잔을 찻상 위 제자리에 놓습니다.

○ 몸과 마음의 반응을 살필 때는 반응의 움직임, 변화를 알아차려야 합니다. ① 먼저 변화를 봅니다. ② 변화를 통해 반응하는 육체적, 심적 현상이 일어나면 즉각 알아차립니다. 한발 더 나아가서 변화(無常)를 일어남(발생)과 사라짐(소멸)으로 알아차리고 모든 형성된 것들은 부서지고 사라지기 때문에 만족스러운 것은 없다(苦)는 것을 알아차립니다. ③ 불만족스러운 것은 내 뜻대로 되지 않아 주재하는 주체가 없어 무아無我의 아我입니다. ④ 또한, 무상·고·무아를 통해 몸과 마음에는 내재하는 고유한 어떤 것도 없음을 이해합니다. 이 이해를 통해 몸과 마음의 무상을 보고 공함을 관찰합니다.

◎ 좌종을 한번 칩니다. 좌종의 울림이 끝나고도 잠시 동안 온몸 스며들기를 합니다.

○ 천천히 눈을 뜨고 앞에 있는 찻잔을 들어서 한 모금 차 맛을 음미합니다. 찻물이 목을 타고 내려가면서 온몸에 스며드는 것을 지켜봅니다.

○ 차의 물빛처럼 맑고 투명한 자비의 마음으로 차의 색·향·미가 온몸에 스며드는 흐름을 지켜봅니다. 그리고 그 흐름이 지구의 모든 강물로 흐르고 흘러흘러 바다에 도달함을 떠올립니다. 우리 몸의 부분부분들에서 흘러내린 갖가지 이름을 가진 모든 강물들이 마침내 바다를 만나면 바다라는 하나의 맛(一味)이 되어 이 세상 모두가 평등해짐을 생각합니다.

● 행다를 마치고 차 수건으로 덮기
◎ 좌종을 치고
○ 숨을 들이쉬고 내쉬면서 코끝에 시선을 두면서
○ 현재 순간에 의식이 깨어나거나 깨어 있음을 체험하고 있는지 자각하여 확인합니다.
○ 명칭만이 아니라 생각을 덧붙이거나 명칭과 생각에 결합될 수 있는 감정과 견해가 일어나기만 해도 대상을 독립, 고정시키고, 분리시키며 스스로 실체를 가진 존재로 착각하게 함을 이해합니다.
◎ 죽비 세 번 치고 합장하고 끝마칩니다.

(4) 감로차 마시기 효과 살펴보기
① 집중력이 생깁니다. ‒ 마음의 근육이 생겨 불안감이 사라지고 밖에서 들어오는 스트레스에 마음의 동요가 현저히 줄어

들며 대처 능력이 생깁니다.

② 전체를 보는 힘이 생깁니다. - 부분에 집착하여 걱정이 많고 매사가 불만스러우며 부정적인 감정에 휩싸이는 현상이 완화됩니다. 탐욕과 분노가 줄어들거나 해소됩니다.

③ 심안이 생깁니다. - 몸 안 뿐만 아니라 감정과 생각을 보고 무상, 고, 무아, 공을 볼 수 있기 때문입니다.

④ 지혜가 생깁니다. - 지혜가 부족하면 착각과 왜곡이 일어납니다. 자신이 처한 현실과 목표치 사이의 간극을 극복하지 못하여 자신과 사회에 대한 왜곡된 시선을 가집니다. 이러한 왜곡된 시선으로 사회현상을 보게 되면 현실과 일치하지 않는 비합리적인 인식을 확산시킬 수 있습니다.

⑤ 몸이 건강해집니다. - 몸이 가볍고 기운이 왕성해지며 머리가 맑아집니다. 갈등과 집착의 부정적 에너지를 사랑, 연민, 용서, 베풂, 희망 등 긍정의 에너지로 전환시키는 치유의 힘이 생기고 건강해집니다.

⑥ 몸과 마음이 가볍고 기쁨이 생기며 의식이 명징해지면서 편안해집니다. - 경안輕安

⑦ 마음의 고요가 옵니다. - 삼매

⑧ 지구의 모든 강물이 흘러 바다에 이르면 모든 강물의 맛이 바다의 맛 하나(一味)로 되듯이 나를 포함한 일체 모든 것이 일미(평등)임을 이해합니다.

4) 화華의 차명상 – 수행자이면서 안내자(스승)의 명상

화華의 차명상은 어느 정도 삼매와 지혜 체험이 있는 상태에서 안으로 명상을 계속해 가면서 밖으로 도움을 주는 차명상을 말합니다. 그러나 체험이 없더라도 '화華의 차명상'을 할 수 있습니다. 차 명상방법을 배워 안과 밖으로 깨달음을 추구하는 동시에 남을 도와주는 것입니다.

먼저, 안으로 명상을 계속한다는 것은 '혼자 마시는 행다선'으로서 지혜를 길러 깨달음을 이루고 그 지혜가 내 안의 번뇌를 없애는 수단이 됩니다. 또한 그 지혜가 마음의 본성에 이르게 하는 이정표를 세우는 스승입니다. '혼자 마시는 행다선'에는 지혜수행으로 '오감 알아차리기 차명상', '이미지 시각화 차명상', '연꽃찻잔 뜻새기기 차명상'이 있습니다.

또, 밖으로 도움을 주는 차명상은 '함께 마시는 행다선'으로서 차명상 체험이 있으면 안내하는 길잡이 역할을 할 수 있습니다. 이 길잡이는 밖의 스승입니다. '함께 마시는 행다선'에서는 '감정 충돌로 상처받은 마음을 자비심으로 어루만져주기 차명상', '가족의 행복을 위한 명상', '함께 마시는 차명상'이 있습니다. 이와 같이 안과 밖의 스승 역할은 모두 청정한 마음의 본성에 이미 갖추어져 있습니다.

(1) 혼자 마시는 행다선 – 수행자

① 오감 알아차리기와 이미지 시각화 차명상

차명상을 배우기 전에 이미 다례와 다도의 다법茶法을 익힌 분은 다법에 그냥 알아차림만 더하면 그대로 차명상이 됩니다. 그런데 다례와 다도의 다법에 익숙한 분들이 차명상 하기 어려울 수도 있습니다. 기존의 틀을 깬다는 것은 힘들기 때문입니다. 그러나 알아차림을 더하게 되면 앞서 익힌 다법이 물 흐르듯 꽃 피듯 매우 자연스럽게 됩니다. 다법 그대로 차명상이 되는 것입니다.

♠ 오감 알아차리기

◎ 죽비 치고 좌종 한번 울립니다.

○ 좌종소리 따라 허리를 펴고 숨을 들이쉬고 내쉬면서 어깨에 힘을 빼고 척추를 곧게 세웁니다. 눈은 반쯤 감고 시선을 코 끝에 잠시 둡니다.(10여 초)

○ 차 도구 일체를 갖춥니다.

○ 다관에 자기가 좋아하는 차를 넣고 뚜껑을 닫은 후 연꽃찻 잔에 차를 따릅니다.

○ 자신의 몸을 보고, 앞에 놓인 연꽃찻잔을 주시합니다.

○ ① 찻잔의 모양을 보면서 ② 찻잔의 색깔을 보고 ③ 찻잔의 바닥에 그려진 연꽃문양을 보고 ④ 찻물의 맑고 투명함을

봅니다.(시각적 감각) ⑤ 찻잔 전체가 한눈에 들어오는지 봅니다.

□ 찻잔을 보는 네 가지 순서를 동시에 볼 수 있도록 익숙하게 합니다.

○ 찻잔에 차를 따르면서 찻잔이 부딪치면서 나는 소리, 찻물이 떨어지면서 내는 소리를 알아차립니다.(청각적 감각)

○ 찻잔을 들고 접촉에 의해 일어나는 감촉(가벼움, 무거움, 부드러움, 따뜻함, 차가움 등)을 알아차립니다.(촉각적 감각)

○ 숨을 들이쉬면서 향기를 취합니다.(후각적 감각)

○ 맛을 음미합니다.(미각적 감각)

□ 찻물 맛보다 차 맛이 먼저 감지되는 것이 보편적입니다.

♤ 혀끝에 닿아 느껴지는 찻물 맛을 알아차립니다.

★ 찻물 맛 중에 거칠고, 부드럽고, 무겁고, 가벼운(흙의 요소) 맛을 알아차립니다.

★ 촉촉하게 젖어드는(물의 요소) 맛을 알아차립니다.

★ 따뜻하고 차가움(불의 요소)을 알아차립니다.

★ 움직이는(바람-기운) 맛을 알아차립니다.

♤ 혀끝에 닿아 느껴지는 오미五味의 맛을 알아차립니다.

★ 혀끝에 닿아 느껴지는 단맛, 쓴맛, 신맛, 떫은맛, 감칠맛을

알아차립니다.

★ 차 맛의 여운을 알아차립니다.

★ 맛을 느끼는 순간 변화하는 맛을 알아차립니다.

★ 다양한 맛을 개별적으로 알아차립니다.

★ 다양한 맛을 전체적으로 알아차립니다.

★ 다양한 맛을 느끼더라도 느끼는 순간에 느껴지는 맛(첫맛)으로 통합하여 알아차립니다.

♤ 혀끝에 닿아 느껴지는 찻물 맛과 차의 오미의 맛이 혼합되어 나타나는 맛을 알아차립니다.

○ 색·향·미를 기억하기 위해 다시 한 모금 음미하고 찻잔을 내려놓습니다.

♠ 이미지로 차 마시기

□ 이미지로 차 마시기는 다실에서 차를 마시고 감로차 마시기 명상하는 과정 전체를 오로지 상상 속에서 이미지만 시각화하여 마치 영화를 보듯이 객관화하여 봅니다. 이미지 명상은 고도의 집중력을 키우고 심안으로 대상을 꿰뚫어보게 하는 힘(통찰력)이 생깁니다.

○ 눈을 감고 다실을 떠올리고 차상 위에 놓여 있는 명상찻잔

을 시각으로 보고 찻잔을 들면서 촉각으로 찻잔의 감촉을 알아차리고 차색을 보면서 후각으로 차 향기를 맡고 미각으로 차 맛을 봅니다. 이 모든 것은 상상 속에서 이루어지는 명상입니다.

○ 찻물이 목구멍으로 시냇물 흐르듯이 흘러감을 상상하고 배꼽에서 모래에 물이 스며들 듯이 흘러감을 상상합니다.

◎ 좌종 한번 치고 좌종 시간 동안 차명상을 합니다.

♠ 현상을 무상無常 고苦 무아無我로 알아차려 지혜 얻기

□ 어떤 대상을 알아차리든 알아차림만 있는 상태에 이르면 찰나삼매가 생깁니다. 이 찰나삼매를 의지하여 몸과 마음에서 현상이 생기면 일어나고 사라지는 무상을 알아차리고 이것이 익어지면 마음으로 보는 심안이 생겨서 무상無常 관찰이 가능하며 불만족의 고苦와 뜻대로 되지 않는 무아無我를 관찰할 수 있게 되고 무상·고·무아를 이해하는 지혜가 생깁니다.

○ 상상의 찻잔을 내려놓고 눈을 뜹니다.

○ 눈 앞의 찻잔을 들고 차를 마시고 몸과 마음의 반응을 지켜봅니다.

◎ 죽비 세 번 치고 마칩니다.

② 연꽃찻잔 뜻을 통한 일미 깨침의 명상

연꽃찻잔 뜻을 통한 일미 깨침의 명상은 연꽃의 이미지를 떠올리고 그 뜻을 사유하여 지혜를 얻는 명상입니다. 명상하는 순서는 첫째, 길잡이가 멘트를 하고 명상자는 멘트에 따라 시각화하여 명상합니다. 둘째, 명상자 본인이 스스로 마음속으로 시각화하는 멘트를 하면서 명상합니다. 셋째, 익숙하게 되면 이젠 멘트 없이 바로 시각화하여 마음으로 합니다. 넷째, 연꽃 모양 명상찻잔을 떠올리자마자 일미一味의 뜻에 즉각 들어가는 명상을 합니다. 특히 일미는 허공같이 걸림 없는 대자유를 주고 '지각 있는 존재'를 도와주는 길잡이 역할을 합니다.[3]

연꽃 명상찻잔 명상하기는 첫째, 상상 속에서 둘째, 이미지를 시각화하여 셋째, 사유를 병행합니다. 청정심이 이미지화로 나타나면 이는 의타기의 모양(依他起相)으로서 청정심입니다.

1차명상

행다行茶 하면서 연꽃찻잔 모양을 시각화 준비하기

◎ 시작을 알리는 죽비 세 번 치고 좌종을 울립니다.

○ 좌종소리에 따라 허리를 펴고 숨을 들이쉬고 내쉬면서 어깨에 힘을 빼고 척추를 곧게 세웁니다. 눈은 반쯤 감고 시선을

---

3 『해심밀경』 '세존이시여! 비유하면 마치 허공이 모든 곳에 두루 하여 다 같은 일미一味로서, 일체 짓는 바 중생의 괴로움을 구제하는 활동(事業)에 장애가 없는 것이다.' (世尊. 譬如虛空 遍一切處 皆同一味. 不障一切所作事業.) 참조.

코끝에 잠시 둡니다.(10여 초)

○ 손바닥은 하늘로 향하게 하고 두 손을 가지런히 포개어 엄
지손가락이 맞닿게 하고 배꼽 아래에 살포시 놓습니다. 또
는 두 손을 포개어 배꼽 아래 편안하게 놓아둡니다.

백색의 연꽃찻잔

연꽃찻잔을 주시한다

○ 자신의 몸을 보고, 앞에 놓인 연꽃찻잔을 주시합니다.

○ ① 찻잔의 모양을 보고 ② 백색이며 ③ 바닥에 연꽃 문양을 봅니다. ④ 전체 이미지를 봅니다.

연꽃문양이 비추어지는 찻물

○ 맑고 투명한 찻물 속에 비치는 연꽃문양을 봅니다.

○ 찻잔을 들고 연꽃 문양에 투과되는 거울같이 맑고 허공같이 텅 빈 투명한 차의 물색을 바라봅니다.

찻잔을 들고 차의 투명한 물색을 바라본다

○ 차를 마십니다.

○ 숨을 들이쉬고 내쉬면서 향기와 맛을 음미합니다.

○ 색·향·미를 기억하기 위해 다시 한 모금 음미하고 찻잔을 내려놓습니다.

차를 마시면서 향기와 맛을
음미한다

연꽃찻잔의 모양에 집중하여 삼매 얻기

눈을 감고 마음으로 볼 때도 눈을 뜨고 쳐다볼 때처럼 연꽃찻잔 이미지가 나타나면 그때서야 비로소 익힌 이미지가 일어난 것입니다. 연꽃찻잔의 익힌 이미지는 목화솜처럼 깨끗하고 흰 이미지로 나타납니다. 익힌 이미지가 나타날 때는 근접삼매(upacāra)를 얻게 되고 서서히 명상을 장애하는 혼침과 들뜸이 줄어들고

다시 한번 차의 향기와 맛을
음미하고 찻잔을 내려놓는다

탐욕과 분노 등이 가라앉습니다. 근접삼매는 찰나삼매와 같습니다. 본삼매(appanā)에 가깝거나 그에 앞서 일어나기 때문에 근접삼매라고 합니다. 여기서 근접삼매를 의지하여 지혜를 얻는 위빠사나 명상으로 전환할 수 있습니다.

즉, 연꽃찻잔의 색깔과 형태를 가지면 그것은 마음의 눈으로 볼 수 있게 되고, 거친 것이고 언어의 외피를 입고 있는 개념적 존재로서 심리현상입니다. 그러므로 그 현상을 무상無常하게 변하고 변하는 것은 만족스럽지 않는 고苦이고 변하고 만족스럽지 않는 것은 자기 뜻대로 바꿀 수 없으므로 주제하는 자아가 없어 무아無我임을 아는 지혜를 얻는 위빠사나 명상을 할 수 있습니다. 그래서 여기서는 근접삼매로 만족합니다. 더 깊이 본삼매를 얻기를 원한다면 '청정한 이미지 얻기' 차명상을 하면 됩니다.

♣ 익숙한 이미지 얻기 - 근접삼매

◎ 죽비를 한번 칩니다.
○ 차상 위의 연꽃 찻잔을 봅니다.
   ① 조금 크고 ② 백색이며 ③ 바닥에 연꽃 문양을 봅니다.
   ④ 찻물의 맑고 투명함을 봅니다. ⑤ 이와 같은 순서로 마치 거울의 표면에서 자기 얼굴의 영상을 보는 것처럼 합니다.
○ 눈을 감고 상상 속에서 주먹 크기의 연꽃찻잔을 눈앞에 떠올려 봅니다.

상상 속에서 연꽃찻잔을 떠올린다

○ ① 연꽃 찻잔이 조금 크고 ② 백색이며 ③ 찻잔 바닥에 있는 연꽃 문양을 봅니다. ④ 찻물의 맑고 투명함을 봅니다. ⑤ 전체 이미지를 지켜봅니다.

○ 전체 이미지를 지속적으로 거울의 영상을 보듯이 봅니다.

○ 눈을 감고 마음으로 보면서, 연꽃찻잔의 익힌 이미지(uggaha-nimitta, 익힌 표상)가 일어날 때까지 여러 번 이와 같은 방법으로 명상합니다.

◎ 좌종을 한번 칩니다.(10여 분에서 30여 분 이상 집중한다.)

♣ 청정한 이미지 얻기 - 본삼매本三昧

○ 이와 같이 익힌 연꽃찻잔의 이미지 보기를 계속 합니다.
○ 근접삼매를 통하여 마음은 삼매에 듭니다.

□ 나타나는 이미지는 닮은 표상(paṭibhāga-nimitta)이라 합니다. 연꽃찻잔의 익힌 이미지를 부수고 나오는 것처럼 백 배, 천 배 더 청정하게 나타납니다. 마치 상자로부터 꺼낸 맑은 거울처럼, 잘 닦은 조가비의 접시처럼, 구름으로부터 나온 밝은 달처럼, 먹구름을 배경으로 한 학처럼, 색깔도 형태도 없습니다.[4]

---

4   붓다고사 스님 지음. 대림스님 옮김. 『청정도론』 1 p.p. 340~347 초기불전연구원

니밋따(nimitta)는 삼매를 얻은 자의 인식(sañña, 상想)에서 생긴 것이고 나타남의 한 형태일 뿐입니다. 그러나 이것이 일어난 후부터 반드시 장애들은 억압되고 오염원들은 가라앉으며 근접삼매를 통해 마음이 삼매에 듭니다. 본삼매는 초선정初禪定입니다. 본삼매가 일어나면 의식은 잠재의식으로 떨어지지 않고 밤과 낮이 다하도록 비온 뒤 맑은 하늘같은 상태가 계속됩니다.[5]

2차 명상

개념적 존재를 사유통찰로 해체하기 – 지혜

○ 떠올린 찻잔의 이미지를 보면서 연꽃 문양을 가진 백색 찻잔이라는 ① 이름과 ② 모양을 가지고 있고 ③ 모양은 여러 가지 요소로 결합되어 있음을 생각합니다. ④ 결합체는 반드시 해체가 되므로 모양은 있으나 내재하는 실체가 없음을 사유합니다.

2004년 4월 참조.

5   상동

연꽃명상을 통해 무자성에 대한 사유를
통찰하고 자체 성품이 없는 자리에 머묾

○ 상상 속에서 도자기로 이루어진 찻잔은 흙과 물이 결합한 반
죽으로 찻잔의 모양을 만들고 바람에 말리고 유약을 칠하여
가마에 넣어 불에 구워서 찻잔의 모양을 완성하고 찻잔이라
는 이름을 가졌음을 이해합니다. 그러므로 찻잔은 처음부터
존재하지 않았고 또한 찻잔이라는 이름에 대응하는 실체가
없어 무자성無自性입니다. 무자성은 공空임을 이해합니다.

◎ 좌종을 한번 칩니다. (명상언어의 안내로 이해했다면 좌종 소리를
신호로 사유통찰한다.)

찻잔 모양의 해체된 모양 없음에 머물기 – 상징하는 뜻에 집중

◎ 좌종을 한번 칩니다.

연꽃의 청정한 특징을 기억하면서
찻잔 바라보기

○ 맑고 투명한 찻물색 속에 비춰진 찻잔 바닥의 연꽃 문양을
보면서 연꽃이 오염물질을 부어도 오염을 받아들이지 않음
(處染常淨)을 시각화하여 떠올립니다.

○ 내 마음도 진흙탕의 더러움을 받아들이지 않는 연꽃처럼 번
뇌 속에 있으면서도 번뇌에 물들지 않는 '청정한 마음'이라

고 생각하면서 대화하듯이 이야기합니다. (집중시키기의 한 방법으로 명칭붙이기이다.)

○ 이어서 ① 찻잔 형상을 보지 않고 ② 호흡을 보지 않고 ③ 허공도 보지 않고 ④ 자기가 알고 있는 그 어떤 앎에도 의지하지 않습니다. 계속 이와 같이 지속적으로 명상하여 마음이 안으로 모이게(집중) 합니다. 이것이 보이거나 들리거나 느낌이거나 생각되는 것을 놓아버리는 방법입니다.

○ 안으로 머무는 마음이 보이기 시작하면 이 뜻을 아는 마음에 집중합니다. 이것이 마음이 본성으로 들어가는 길입니다.

◎ 좌종을 치고 좌종소리가 끝날 때까지 놓아버림으로써 무상無相에 집중해 갑니다.

3차 명상

사마타와 위빠사나를 함께하는 명상하기

3차명상은 2차명상에서 선정을 얻었을 때 가능합니다. 즉, 등지等持을 이루고 등지 속에서 몸과 마음의 가볍고 편안한 경안輕安을 얻으면 정正사마타를 이루게 됩니다. 이 정사마타(止)의 삼매(禪定)를 얻어 본격적으로 일체 모든 것에 사유통찰하는 위빠사나(觀) 수행을 할 수 있습니다. 이때부터 지관쌍수止觀双修 하는 것입니다. 하지만 선정을 얻지 못한 상태에서도 명상을 할 수 있습니다. 이때는 사혜思慧의 사유통찰 명상이 됩니다.

선정禪定에 의지하여 뜻을 아는 마음을 사유 통찰하기

차 맛이 텅 빈 일미임을 사유로 통찰한다

○ 오염물질을 부어도 오염물을 받아들이지 않는 연꽃 같은 마음은 물질이 아니므로 형상과 색깔이 없습니다. 그러므로 이 청정한 마음이 거울같이 맑고 투명하게 텅 비어 있음을 떠올립니다. 맑고 투명하게 텅 빔은 생김도 없고 소멸도 없고(불생불멸) 가고 옴이 없고 높고 낮음도 없고 아름답고 추

함도 없는 텅 빔이라는 하나의 맛인 일미一昧임을 사유통찰하고 이해합니다.

○ 일미에 머물러 봅니다.

□ 차 맛이라는 미각은 마음이고 차 맛이 일미인 것을 이해하게 되면 차를 마시면서 일어나는 여러 가지 감정과 생각들이 흔적을 남기지 않습니다.

실체 없음의 그 하나가 그대로 마음의 근원인 공으로 들어가는 것임을 이해하기 때문입니다. 공은 곧 일미임을 알

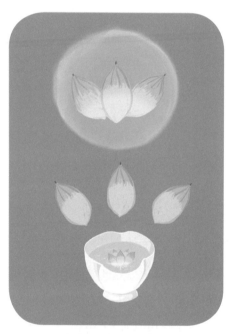

전체가 부분이고 부분이
전체임을 안다

아 실체 없음에 머무는 것이 일미에 머무는 방법입니다.

◎ 좌종을 한번 칩니다.

○ 찻잔의 꽃잎 모양이 세 개로 나뉜 하나인 것을 봅니다.

찻잔의 테두리가 하나 안의 세 개이므로 모든 존재, 모든 것은 부분이 모여 전체를 이루고 전체 속에서 부분부분이 이루어짐을 사유하고 이해합니다.

이와 같이 부분이 곧 전체이고 전체가 곧 부분입니다. 부분과 전체는 상호의존하며 분리되어 있지 않고 동등합니다. 동등하기 때문에 모든 것, 모든 생명은 평등합니다. 평등은 독립된 자아가 없고(무아無我) 독자적인 실체가 없어(무자성無自性) 공空임을 사유통찰하고 공은 곧 일미임을 이해합니다.

○ 일미의 이해에 머물러 봅니다.

○ 이름이 있는 것은 모양이 있고 모양이 있는 것은 여러 가지가 결합된 것이며 결합된 것은 스스로 자립하는 것이 없어 무자성입니다. 왜냐하면 마음이 일어나면 갖가지 현상이 생기고 마음이 사라지면 갖가지 현상이 사라집니다. 그러므로 마음 밖에 있음과 없음은 처음부터 존재하지 않습니다. 그래서 있음과 없음은 무자성이며 무자성이 공임을 알고 이와 같은 현상을 사유통찰합니다.

마음으로 인해 모든 현상이 생기고 사라짐을 안다

○ 무자성 속에는 아무것도 없어 무無와 같습니다. 그래서 무
자성의 경계에 들어가면 마음의 움직임이 없어 공空 그대로
불사不死의 열반입니다. 열반은 죽음으로부터 해방입니다.
즉, 대자유를 경험함을 이해합니다.

○ 일미가 곧 불사不死임을 아는 이해에 머물러 봅니다.

◎ 좌종을 한번 칩니다.

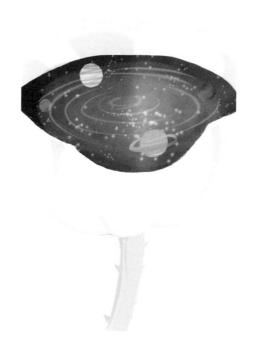

온 우주가 그대로 깨달음임을 이해한다

4차 명상

일미의 깨달음으로 들어가기

○ 연꽃찻잔의 연꽃이 활짝 피어 있는 모양은 깨달음의 상징임
을 봅니다.

보이고 들리는 외계外界의 온 우주는 상호의존하여 존재하
나 독립된 실체가 없어 모두 공한 것입니다. 고정되어 보이
고 분리되어 보이고 스스로 존재하는 것 같이 보이는 일체

의 것들은 모두 마음이 만든 것으로 그 자체는 자성이 없어 공임을 사유통찰하고 알아차리며 이해(지혜)합니다.

○ 이제 모든 것이 공 하나로서 맛보고 아는 일미 지혜이며, 일미 지혜 그대로가 온 우주, 온 우주가 그대로 깨달음임을 이해합니다.

○ 일미를 아는 지혜가 그대로 우주이고 깨달음임을 아는 이해에 머물러 봅니다.

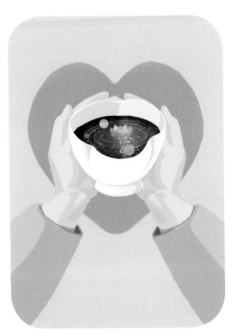

삼라만상 우주는 모두 일심이다

◎ 죽비를 한번 칩니다.

○ 눈앞에 떠 있는 연꽃찻잔을 잡습니다.(시각화)

연꽃찻잔이 하트 모양인 것은 심장의 모양입니다. 심장은 핵심의 뜻이며 핵심은 바로 일심一心입니다. 일심은 모든 것은 오직 마음뿐이며 다른 경계가 없다는 마음 공인 일미의 깨달음을 의미합니다. 일심은 삼라만상 우주의 모든 것이며 일미一味의 깨달음임을 이해하고 그 이해에 머물러 억념憶念하여 잊지 않습니다. 그리하여 깨달음 자체가 되어 봅니다.

○ 일미의 깨달음 자체에 머물러 지속합니다.

깨달음은 차 마시면서 차명상을 실천할 때

○ 세 개의 꽃잎이 피어 있는 모양은 찻잔을 잡아 차공양을 올릴 때 깨달음의 뜻이 나타납니다. 두 손으로 찻잔을 감싸면서 잡는 모습은 사랑의 상징이며 그 모양이 두 손을 모으므로 상대방에 대한 공경이며 너와 나로 분별하는 탐욕과 분노가 사라지게 하고 둘이 아닌 지혜를 드러냅니다. 또한 연꽃찻잔에 차를 올리는 공양은 상대의 고통을 없애고 생명을 살리는 연민입니다. 다선일미茶禪一味의 연꽃같은 깨달음은 사랑과 연민으로서 자비임을 알고, 차명상을 실천할 때 나타납니다.

거울같이 맑은 차색을 바라보고 차향과 맛을 음미한다

◎ 좌종을 치고 좌종소리가 끝날 때까지 '깨달음 자체가 되는 상태로 유지'해 봅니다.

◎ 다시 좌종을 한번 칩니다.

○ 명상 참여자들은 명상 길잡이의 안내말 없이 좌종소리를 들으면서 연꽃찻잔의 일곱 가지 뜻을 관상觀想 합니다.

○ 살며시 눈을 뜨고 앞에 있는 찻잔의 차색이 거울같이 맑고 허공같이 텅 빈 투명함을 바라보고 찻잔을 들고 마십니다.

○ 차향과 맛을 음미하고 찻물이 목을 통해 내려가는 감각을 알아차리면서 몸으로 흡수되는 것을 지켜봅니다.

◎ 죽비 세 번 치고 마칩니다.

♣ 연꽃찻잔 명상의 효과 살펴보기

★ 찻잔을 눈 앞에 떠올리므로 집중력이 생깁니다.

★ 불안감이 사라지고 성격이 부드러워지며 외부의 충격(스트레스)에도 자신을 보호할 수 있습니다.

★ 삼매가 옵니다. 즉, 마음의 평안이 생깁니다.

★ 부분이 전체이고 전체가 곧 부분이라는 이치를 이해하는 지혜가 생깁니다.

지혜의 내용은 모든 존재, 모든 것이 부분과 전체의 상호의존이며, 평등, 유와 무의 양극단에서 벗어나게 하는 중도, 시간적으로 변하는 무상이라는 것입니다. 세계의 무한 경쟁체제와 현대사회의 계층화, 정보의 불균형 등 사회의 제반 문제는 모두 한쪽으로 치우치는 극단적 현상입니다. 이러한 사회현상과 삶의 양극단화 현상을 중도의 지혜와 상호의존, 평등의 지혜로 해결할 수 있습니다.

★ 지혜를 의지하여 깨달음이 옵니다.

★ 생사문제가 해결되고 대자유를 얻습니다.

(2) 함께 마시는 행다선 - 길잡이

'함께 나눠 마시는 행다선'은 아이와 부모가 함께 하고, 부모 형제, 가족과 친척, 친구 등이 함께 할 수 있으며 어느 누구나 참여할 수 있습니다. 모든 존재가 상호의존하고 있기 때문에 '함께 마시는 행다선'을 통하여 공감대를 형성하고 상호수용의 진실을 드러내는 것입니다.

이와 같이 차명상은 가정이나 회사 등 대인관계에서 감정 충돌로 상처를 받고 소외감이 생기거나 불면증, 우울증, 공항장애 등으로 고통 받는 이들에게 치료제가 됩니다. '함께 마시는 행다선'에서는 먼저 '감정충돌로 상처받은 마음을 자비심으로 어루만져주기 차명상'을 하고 그다음으로 '가족의 행복을 위한 명상'을 하고 이어서 '함께 나눠 마시는 차명상'을 순서대로 하면 명상효과가 극대화됩니다.

① 감정 충돌로 상처받은 마음을 자비심으로 어루만져주기

어떻게 해야 사람과 사람 사이에서 갈등을 줄이고 상호관계를 회복할 수 있을까요? 공감능력을 키우고 자비심을 갖추어서 관계를 회복하는 것이 우선입니다. 나에게 적대적인 사람을 초대하여 꼬인 심리와 감정을 풀고 상호관계를 자비로 회복하는 것이 차명

상 방법입니다. 그 핵심은 바로 마음에 있습니다.

물은 마음을 상징합니다. 물은 스스로 움직이는 성질이 없지만 외부의 영향을 받을 때 움직입니다. 바람이 불면 바닷물은 파도를 칩니다. 이와 같이 외부의 영향을 받으면 마음은 움직입니다. 그러나 바람에 의해 파도가 치더라도 바닷물과 파도는 같은 물입니다. 물의 스며드는 성질은 바닷물이든 파도이든 바뀌지 않습니다.

이와 같이 움직이는 마음도 움직이지 않는 마음과 같은 마음입니다. 또한 마음의 물도 바닷물처럼 스며드는 성품은 바뀌지 않습니다. 물의 스며드는 성품의 뜻은 모든 것을 받아들이는 것을 말합니다. 받아들이는 특성은 사랑, 연민, 관용, 용서와 같은 긍정적인 심리를 일으킵니다.

마음은 또한 대상을 아는 앎이라는 특성을 가지고 있습니다. 그래서 이 앎에 의해 모든 존재는 상호의존의 모습을 가지고 있습니다. 예를 들면 서로 알기 때문에 대화가 가능합니다. 대화 상대자가 서로 의존관계를 가지는 것은 이와 같이 앎에 의해서입니다. 사물을 알게 되면 사물과도 상호관계가 성립합니다. 정신현상이든 물질현상이든 일체 모든 것이 이 앎이라는 상호의존에 의지합니다. 상호의존이라는 앎은 물의 스며드는 성품과 같이 모든 것을 수용하는 것입니다.

구체적으로 살펴보면 사물은 명칭이 있습니다. 명칭은 모양이 있고 모양은 여러 요소가 결합하여 존재하는 것이므로 자립하는 고유한 실체가 없습니다. 또한 형상이란 시간적으로 끊임없이 변화하므로(찰나생刹那生 찰나멸刹那滅) 고정된 모양과 색깔이 없습니다. 우리 눈에 보이는 모양과 색깔은 마음에 저장되어 있던 기억정보가 현실화되어 나타난 것입니다. 결국 존재하는 것은 마음뿐입니다. 이와 같이 보이고 들리는 모든 이미지는 마음의 투영된 현상입니다.

또한, 마음 자체의 본성인 앎은 상호의존인 연기緣起입니다. 그런데 기억정보가 분리되고 독립되고 실체를 가지고 스스로 존재하는 것이라서 현실로 나타나는 모든 현상은 독립되고 분리되고 스스로 존재하는 것으로 보입니다. 이는 분별의 성격을 가진 무지의 모습입니다. 무지의 모습은 이기적이고 파괴적 성향으로 나타납니다. 지구상이 모든 대립은 모두 대상을 분리시키고 고정시킴으로써 일어나는 탐욕과 분노에 의한 현상입니다. 그러나 마음 자체의 본성인 앎은 여전히 상호의존의 연기입니다.

그래서 마음의 본성인 앎의 상호의존을 회복하는 것이 중요합니다. 분별의 견해를 없애면 상호의존의 앎이 회복됩니다. 이것을 위해 자비심을 일으키는 차명상을 합니다. 여기서는 마음의 본성인 앎의 비유로서 물의 스며드는 성품을 적극 활용합니다. 자비심은 생명의 상호의존에서 나타나는 것이며 모든 생명이 물을 흡수하듯이 자연스럽게 받아들이는 것이기 때문입니다. 차의 색향미가 몸 내부에 흡수되는 명상을 통해 물이 모든 것을 수용하듯이 앎의 상호의존적 성품이 만나는 경계마다 공감으로 나타나게 하고 대인관계와 일 등의 막힘을 소통시키고 분노와 폭력을 자비로 변화시킵니다.

◎ 시작을 알리는 죽비 세 번 치고 좌종을 울립니다.

♠ 차명상 자세를 바로 잡기

○ 좌종소리에 따라 허리를 펴고 숨을 들이쉬고 내쉬면서 어깨에 힘을 빼고 척추를 곧게 세웁니다. 눈은 반쯤 감고 시선을 코끝에 잠시 둡니다.(10여 초)

○ 차 도구 일체를 갖춥니다.

○ 다관에 자기가 좋아하는 차를 넣고 뚜껑을 닫고 연꽃찻잔에 차를 따릅니다.

○ 자신의 몸을 보고, 앞에 놓인 연꽃찻잔을 주시합니다.

○ 조금 크고 백색인 바닥의 연꽃 문양을 봅니다.

○ 찻잔을 들고 연꽃 문양에 투과되는 거울같이 맑고 허공같이 텅 빈 투명한 차의 물색을 바라보면서 마십니다. 숨을 들이쉬고 내쉬면서 향기와 맛을 음미합니다. 색·향·미를 기억하기 위해 다시 한 모금 음미하고 찻잔을 내려놓습니다.

♠ 이미지를 시각화하여 이미지를 보면서 차명상하기

○ 눈을 감고 다실을 떠올립니다. 차상 위에 다관, 찻잔, 물 식힘 그릇, 차 통, 차 숟가락, 차 수건 등과 좌측 벽에 다선일미 족자를 걸어두고 차상 우측에는 화로에 물이 끓고 있습니

다. 창문으로 햇빛이 다실을 환하게 비춥니다. 손님을 맞기 위해 방석도 준비하고 나에게 우호적이지 않는 이를 초대합니다. 본인이 상대에게 감정을 상하게 했다면 용서를 구하고 도리어 상처를 받았다면 용서해 주고 건강과 행복을 빌어줍니다. 그동안 감정충돌로 쌍방이 감정이 상했을 것입니다. 그래서 상처받은 본인과 상처받은 상대를 같이 초대하면 좋습니다.

○ 다실 문 앞에서 상처받은 본인과 상처받은 상대를 같이 맞이합니다.

자리에 앉기를 권유하고 얼굴을 살핍니다. 얼굴에는 심리가 잘 표현됩니다. 찡그리고 있는지 성내고 있는지 무표정한지 윤곽이 분명하지 않는지 윤곽만 있고 이목구비가 보이지 않는지 살핍니다.

○ 다관 뚜껑을 열고 자기가 좋아하는 차를 넣고 뜨거운 물을 붓고 뚜껑을 닫은 후 차를 물 식힘 그릇에 담고 차 찌꺼기가 가라앉으면 초대한 분들의 찻잔에 차를 따릅니다. 본인의 찻잔에도 차를 담습니다.

□ 이 과정을 간략하게 해도 됩니다.

○ 함께 찻잔을 들고 색깔을 보고 향기를 맡고 맛을 음미합니다.

○ 색향미가 목을 통과하여 흐를 때 시냇물 흐르듯 흘러들어감

을 상상합니다. 이어 배꼽 부분에서 모래에 물이 스며들 듯
이 상상합니다.

□ 상상의 찻물은 마음입니다. 물의 스며듦은 마음이 스며듦이
며 곧 상대를 받아들인다는 수용적인 심리의 표현입니다.

◎ 좌종을 치고 좌종시간까지 명상을 합니다.

♠ 행복 빌어주기

○ 찻잔을 내려놓고 초대 손님의 행복을 빌어줍니다.

당신에게 상처를 준 잘못을

참회합니다

당신이 나에게 상처 주었지만

당신을 용서합니다

건강하고 행복하길 바랍니다

○ 다시 초대 손님의 얼굴을 살펴봅니다. 얼굴이 부드러운지
미소 띠고 있는지 등 변화를 관찰하고 재차 차를 올릴지 판
단합니다.

○ 눈을 뜨고 눈 앞의 차를 음미하고 몸과 마음의 현상을 지켜
봅니다.

◎ 죽비 세 번 치고 마무리 합니다.

② 가족의 행복을 위한 차명상

가족의 행복을 위한 행다 명상을 해보겠습니다. 우리는 가족과 차를 마시면서 가족이라는 관계망을 사유하게 되고, 차 한 잔을 나누어 마심이 연기실상을 드러낸다는 것임을 자각합니다. 즉, 모든 존재가 고정되어 있고, 독립되어 있고, 분리되어 있고, 스스로 존재하는 것이 아니라 모든 것은 변하고, 상호의존하고, 실체가 없다는 것을 알게 되는 것입니다. 이런 가족관계 회복 명상이 확대되면 사회, 국가, 인류, 자연계, 우주로 확대 적용될 수 있습니다.

가족의 행복을 위한 행다는 곧 가족관계 회복을 위한 차명상입니다. 차 도구 일체를 갖추고 명상합니다. 그러나 상상만으로 차명상을 해도 됩니다.

◉ 행다 시작

○ 숨을 들이쉬고 내쉬면서 어깨에 힘을 빼고 척추는 곧게 세웁니다. 그리고 시선을 코끝에 잠시 둡니다.

○ 행다 하여 차 도구 일체를 갖춥니다.

○ 차를 두 번 음미하여 차의 색향미를 기억하고 찻잔을 내려 놓습니다.

◉ 상상 속에서 차명상합니다.

○ 상상의 다실을 꾸밉니다.

○ 가족을 초대합니다. 가족들의 얼굴이 화가 났는지 찡그리고 있는지 윤곽이 없는지 살핍니다.

○ 행다를 합니다. 가족 모두에게 차를 대접합니다.

○ 가족의 상호의존과 상호수용에 대한 이해의 기반 위에서 대화하듯이 가족에게 이야기합니다.

❶ 앞서 차의 색향미를 기억하고 그를 위해 차를 대접하고 차 맛을 보면서 대화하듯 합니다.

❷ 눈이 없으면 차의 빛깔이 없습니다.

코가 없으면 차향이 없습니다.

혀가 없으면 차 맛이 없습니다.

찻물이 없으면 차의 색향미가 없습니다.

또한 시각, 후각, 미각 의식이 없으면 색향미가 없습니다.

❸ 그러므로 눈과 코와 혀인 감각기관과 찻물인 대상과 시각, 후각, 미각 의식인 마음의 삼자화합三者和合에 의해 차의 색향미가 있듯이 가족은 서로 의존하고 있습니다. 독립, 고정되고 분리되고 실체를 가지고 스스로 존재하지 않습니다.

❹ 모두 하나로 연결되어 있습니다.

❺ 한 명의 가족 구성원이 없으면 가족 전체가 성립되지 않습니다. 그러므로 하나가 전체이고 전체가 하나입니다. 하나와 전체라는 온 가족은 동등합니다.

❻ 서로 연결되어 있고 소통되므로 사랑과 연민심으로 가족을 생각합니다.

● 색향미 감로차가 몸에 스며들듯이 가족이 서로 받아들이고 수용하는 명상을 합니다.

○ 가족 모두에게 차를 대접하고 본인도 차를 음미하면서

○ 찻잔을 입으로 가져오면서 찻잔 속에 담긴 연꽃 문양을 바라보고 찻물의 맑고 투명한 빛을 주시합니다.

○ 찻잔을 들고 마십니다. 숨을 들이쉬고 내쉬면서 빛깔과 향기 그리고 맛을 음미합니다. 색·향·미를 기억하기 위해 다시 한 모금 음미합니다.

○ 찻잔을 내려놓고 상상 속에서 찻잔을 들고 차를 마시고 숨을 들이쉬고 내쉬면서 차향과 차 맛을 음미합니다. 찻물이 목으로 넘어갈 때 부피감과 무게감을 느낍니다.

○ 색·향·미를 머금은 찻물의 맑고 투명한 백색의 미세한 알갱이를 안개 같은 이미지로 시각화하여 그 안개가 온몸을 감싸고 마치 모래에 물이 스며들 듯이 온몸의 세포에 스며들게 합니다.

○ 차의 색향미가 온몸에 스며들 듯이 가족 구성원들이 서로 의존하고 서로 받아들이는 수용을 생각합니다.

◎ 좌종을 한번 칩니다. 좌종의 울림이 끝나고도 잠시 동안 온몸 스며들기를 합니다.

◉ 다시 차를 대접하고 가족 다 함께 행복과 평안을 기원합니다.

○ 가족 모두에게 차를 대접하고 차를 음미하면서 마음속으로 대화하듯이 가족의 행복을 기원합니다.

강물이 흘러 바다에 이르듯
초승달이 둥근달이 되듯
가정이 행복하기를
평안하기를 기원합니다.

◎ 좌종을 칩니다.

○ 눈을 뜨고 눈 앞의 차를 음미하고 몸과 마음의 현상을 지켜봅니다.

◎ 죽비 세 번 치고 마무리 합니다.

◎ 이와 같이 차명상을 통하여 관계를 소통하고 사랑과 연민심을 키웁니다. 초대받은 사람의 인상이 풀릴 때까지 하면 더 좋습니다.

③ 함께 나눠 마시는 차명상

앞 사람(또는 옆 사람)과 서로 나눠 마시는 행다를 하겠습니다.

나눠 마시는 행다는 모든 존재가 하나로 연결되어 있음을 자각하고 이를 통해 서로 받아들이는 체험입니다. 완고한 자아를 버리고 서로 하나 됨을 실현하는 것이고, 공空을 표현하는 것이며 자비를 표출하는 행위입니다. 특히 아이와 부모가 함께 나눠 마시는 행다선은 가정을 화목하게 하는 차명상이 됩니다.

◎ 시작을 알리는 죽비를 내립니다.

○ 좌종 또는 죽비 신호에 따라 숨을 들이쉬고 내쉬면서 온몸의 긴장을 완화합니다. 10여 초 정도 코끝에 시선을 두고 가만히 몸과 마음을 살피며 수류화개를 떠올립니다.

○ 먼저 차를 나눠 줄 앞 사람과 가볍게 인사를 나누고 난 뒤 자기 몸과 앞에 놓인 차 도구를 주시합니다.

○ 우려낸 찻물을 잔에 따르면서 물 떨어지는 소리, 빛깔, 다관을 잡는 동작 등을 모두 알아차립니다.

□ 서로 찻잔의 차를 교환할 때는 사랑하는 마음으로 차를 권하고 감사하는 마음으로 차를 받습니다. 서로 배려하는 마음으로 차를 권하면 됩니다.

○ 차를 다 따르고 난 뒤 손이 잔을 잡으러 나가는 동작에서 손이 허공을 지나갈 때의 느낌, 손이 잔에 닿았을 때의 촉감, 찻잔의 무게감 등을 모두 알아차림 하면서 차 한 잔을 앞 사

람 또는 옆 사람에게 권합니다.

○ 상대방에게 차를 따르고 차를 권합니다.

○ 차를 앞에 놓고 천천히 손을 내밀어 잔을 잡으러 갑니다. 이 때 내 몸에서 일어나는 동작과 생각과 감정의 흐름을 알아 차림 하면서 잔을 잡았을 때의 느낌, 찻물의 온도, 잔을 들 때의 무게감 등을 알아차립니다.

○ 그리고 서로 동시에 잔을 가까이 들고 와서 천천히 조금씩 차를 마십니다.

○ 찻잔을 들고 상대방이 준 차를 마시면서 상대를 받아들였음 을 생각합니다.

○ 차를 마시면서 나의 존재는 상대방에 의해서 존재하고 있음 을 생각하여 독립된 개체, 독립된 자아가 없음을 생각하고 자아 중심에서 벗어날 것을 생각합니다.

○ 나아가 가족, 사회, 국가, 종족, 종교, 인류, 지각 있는 생명 체, 자연계, 우주 법계로 확대 적용시켜 시각화하여 생각합 니다. '나의 생명은 다른 이의 생명과 무생물에 의존해서 존 재한다'라고 생각합니다.

○ 차를 마시면서 상호의존의 불이不二의 사유를 끝내고 찻잔 속의 연꽃, 차 빛깔, 차향과 접촉되었을 때의 느낌을 감지하 고 천천히 잔을 내려놓습니다. 찻잔이 바닥에 닿을 때의 느 낌과 소리도 알아차리면서 손을 거두어들이고 정성껏 차를

만들어준 상대방에게 감사의 미소를 전합니다.

○ 10초 정도 시선을 코끝에 두고 가만히 자신의 몸과 마음상태를 주시합니다.

반복해서 서로 나눠 마시는 행다를 계속할 때는 상대방의 찻잔에 차를 따르면서 나눠 마시는 행다선을 하면 됩니다.

◎ 끝남을 알리는 죽비를 칩니다.

제8장

주인과 손님의 경계

다선일미 茶禪一味 차명상

다회의 선차법이 달라도

선법禪法을 걸림 없이 쓸 수 있습니다

나라와 문화가 달라도

선은 그 틀을 깨트리고 어디에도 걸리지 않는

대자유를 선사합니다

1. 다선일미茶禪一味의
선禪 경계

선차禪茶와 다선茶禪은 강조점이 다릅니다. 선차는 선禪의 형식을 가져와서 다법茶法을 펴는 것이 중심이고 사찰에서 유래되었습니다. 반면 다선은 차를 매개로 하여 선법禪法을 펴는 명상입니다. 선禪 차법은 다회茶會마다 행법이 다르고 다회마다 특성을 가집니다. 그러나 다선법은 수많은 다회의 선차법이 달라도 선법禪法을 걸림 없이 쓸 수 있습니다. 나라와 문화가 달라도 선은 그 틀을 깨트리고 어디에도 걸리지 않는 대자유를 선사합니다. 선법은 영적인 체험이 있고 지혜가 개발되며 마음의 성숙을 가져오고 깨달음이 있기 때문입니다.

다선일미 선명상은 '산은 산이고 물은 물이다'의 경계를 얻는

데 있습니다. 중국 송宋대 선승 청원유신靑源有信은 다음과 같이 말합니다.

"이 노승이 30년 전 아직 참선 공부를 하지 않았을 때는 산은 산이고 물은 물이었다. 그 뒤 선지식을 친견하고 어느 정도 경지에 이르렀을 때 산은 산이 아니고 물은 물이 아니었다. 이제 마음을 쉬고 산을 보니 산은 산일 뿐이요. 물은 물일 뿐이더라."[1]

이 유명한 선어禪語는 고려시대 혜심慧諶과 경한景閑의 어록에도 나타납니다.

이 선어의 경계는 ① '산은 산이고 물은 물이다' ② '산은 산이 아니고 물은 물이 아니다' ③ '산은 산이요 물은 물이다'의 3단계입니다. 이 깨달음의 단계는 헤겔의 변증법辨證法인 정正-반反-합合의 삼단논법과 비슷합니다. 다른 점은 깨달음은 논리를 떠나 내적 체험이라는 것입니다. '정正이 유有'라면 '반反는 무無'이고 '합合은 유무의 중도中道인 공空'에 비유할 수 있습니다. 그러나 깨달음은 '공 또한 공하다'는 것으로 논리를 떠난 체득의 경지라고 할 수 있습니다. 주인과 손님의 경계, 다선일미 선명상은 이러한 논리를 명상화하여 체득할 수 있는 차명상입니다. 그 단계도

---

1   『경덕전등록景德傳燈錄』老僧 三十年前 未參禪時 見山是山 見水是水 乃至後來 親見知識 有個入處 見山不是山 見水不是水 而今 得居休歇處 依前 見山只是山 見水只是水

① '산은 산이고 물은 물이다' ② '산은 산이 아니고 물은 물이 아니다' ③ '산이 물이요 물이 산이다' ④ '산은 산이요 물은 물이다'의 4단계입니다.

다선일미 다선의 4단계인 ① '산은 산이고 물은 물이다'는 무분별의 거울인 경鏡의 거울 ② '산은 산이 아니고 물은 물이 아니다'는 환幻의 거울 ③ '산이 물이요 물이 산이다'는 공空의 거울 ④ '산은 산이요 물은 물이다'는 화華의 거울로 비유할 수 있습니다. 경-환-공-화의 수습단계는 의식의 진화단계인 동시에 의식이 무한확장 되는 과정이며 거친 의식에서 미세의식으로의 전환을 의미합니다. 의식이 미세해질 때 공성을 깨달을 수 있고 범부가 성인이 됩니다.

이 4단계는 모두 마음거울에 비유됩니다. 비유되는 거울은 전환과 변형의 수단입니다. 거울은 '만나는 경계마다 텅 비게 한다' '반조하여 비춘다' '분별없이 비춘다' '볼 수 없는 것을 비추는데 환영과 같음을 비춘다' '현상 그대로 실체 없음을 비춘다'라는 특징을 가집니다. '대상을 있는 그대로 비추고 아는' 앎은 자신을 변형시킬 수 있는 유일한 방법입니다. 즉, 자기 마음의 흐름을 보고 안다면 그 이상의 단계로 나아갈 수 있습니다. 최상의 깨달음도 결국 앎입니다. 안다는 것이 그만큼 중요합니다. 이처럼 거울같이 비추는 관觀이 의식을 진화시켜 자신의 삶을 바꿉니다. 이때 감정과 생각, 모든 대상으로부터 자유로워집니다. 범부가 성인이 되는 것이며 속박의 단계에서 자유의 단계로 도약하는 것입니다.

2. 다선일미 차명상에서
거울(鏡)의 비유

　다선일미 차명상에서 먼저 거울을 예로 드는 이유는 '있는 그대로를 비추는' 거울의 속성 때문입니다. 만약 '일그러진 거울'이라면 그것은 거울의 속성을 갖추고 있는 것이라고 할 수 없습니다. 일그러진 거울이란 육안의 눈이며 또한 육안의 눈에 근거하는 생각과 감정입니다. '있는 그대로를 비추는' 거울 같이 무분별로 꿰뚫어 볼 때 생각과 감정의 투사인 왜곡된 현실이 사라지고 현실의 본 모습과 마주합니다. 하지만 분별의 지혜가 없으면 자신이 느끼는 현실감각이 허상인 줄 모릅니다. 현실의 모든 현상은 시간적으로 변하고 공간적으로 상호의존합니다. 그러므로 모든 현상을 내재하는 실체 없는 공으로 이해하고 체득해 가는 과정에서 허상인줄 알면 무분별의 지혜가 생깁니다. 그러므로 거울에 비유하는 이유는 분별없이 '있는 그대로 비추는 것'이라는 그 속성이 전제되어야만 합니다.

　거울의 비추는 성질, 거울이 거울에 비치는 것 등은 마음의 본성과 관觀에 대한 비유입니다. 즉, 거울은 마음의 본성인 지혜를 비유한 것이며 또한 선정을 얻는 사마타관 그리고 지혜를 얻는 위빠사나관의 관(觀)을 비유한 것이기도 합니다. 거울과 같은 무분별의 경계를 깨닫는 명상은 곧 마음의 본성인 자성광명을 깨닫는 길이기 때문에 거울에 대한 비유는 매우 중요합니다.

'있는 그대로를 비추는 것'을 좀더 확장하면 주객이 없는, 분별의 경계가 더 이상 의미가 없는 지혜의 경계(無分別智)를 뜻합니다.[2] 우리는 신체의 감각 기관인 눈(眼)을 통해서 사물을 보고 그 보이는 대상이 실재하는 것처럼 생각합니다. 하지만 눈이 눈을 보지 못하기 때문에, 거울을 통해서 우리는 자신의 눈을 봅니다. 눈으로 대상을 보는 것과 거울을 통해서 보는 것은 다릅니다. 눈으로 보는 것은 모양과 색채를 봅니다. 반면 거울(觀-마음거울)로 보는 것은 곧 관(觀)으로 회광반조廻光反照 하는 것입니다. 느낌, 기억, 감정, 영상 등 마음의 현상과 마음의 본성을 마음거울을 통해 볼 수 있습니다.

즉, 대상을 파악하는 눈을 이제 명상의 눈인 거울을 통해서 보는 것입니다. 눈과 거울 속의 눈이 둘이 아니라 하나의 눈이며 같은 거울입니다. 다만 육안의 눈이 생각과 감정이 개입되어 투영되는 일그러진 거울이라면 심안의 눈으로 보는 거울은 어떤 개입도

---

2   거울에 대한 비유에서 마음의 작용을 빼놓을 수 없다. 왜냐하면 이 비유에 등장하는 거울은 형체를 띈 물리적인 거울만 뜻하지 않기 때문이다. 원래 본다는 것은 육안과 심안을 통해 이루어진다. 심안을 통해 살펴본다고 했을 때 이것은 미세한 마음의 흐름까지 살펴본다는 뜻이다. 여기서는 지면의 제약상 더이상 논의는 생략하기로 한다.

허용하지 않는 '있는 그대로 보는 거울'이며 마음의 본성까지도 볼 수 있는 거울입니다.

일그러진 거울의 눈을 있는 그대로 보는 거울의 눈으로 전환하는 것이 명상입니다. 그 과정이 주인과 손님이라는 거울을 통해 눈의 거울(육안)을 마음의 거울(심안)로 전환하는 것입니다. 궁극에는 주인과 손님이 없는 하나의 거울이면서 동시에 온전히 둘인 거울의 경지인 대자유의 깨달음을 성취하는 데 목적이 있습니다.

다시 말해 눈이라는 거울을 통해서 보는 주체는 주인(나)이고 거울에 비치는 객체인 손님은 다른 사람(또 다른 주체)이라고 상정하면, 이 둘은 주체와 대상 또는 두 개의 주체가 상호작용하고 있는 셈이 되는 것입니다. 즉, 거울을 통해서 볼 때 비추는 나도 주체, 비치는 대상인 나도 주체가 된다는 뜻입니다. 바로 이것이 정물적靜物的인 '거울과 같은' 대상이 아닌 '또 다른 주체'를 거울처럼 상정하는 '함께 나눠 마시는 행다선'에서 강조하는 부분입니다.[3]

1) 함께 나눠 마시는 행다선行茶禪에서의 주인과 손님

실제로 행다行茶에서는 주인과 손님이 따로 있습니다. 손님을

---

3   보통 나쁜 습관에 빠져 있을 경우 거울을 사용하면 (1) 거울을 보는 주체와 대상 사이에서의 괴리, 차이가 있다는 점에 대한 자각, (2) 반복적인 생각 속에서 객관적으로 보려고 하는 자세를 갖추고, (3) 자기 습관을 고칠 수 있는 이점이 있다. 여기서는 다선에 등장하는 거울의 예만 다룬다.

초대한 주인은 차를 우려내는 등 준비하고 대화를 하면서 주인과 초대받은 손님 사이에는 상호 교감이 있게 됩니다. 이와 같은 상호 교감이 진정한 다회茶會 또는 차담茶啖을 이끄는 내용입니다. 차의 종류나 가격 등이 중요한 것은 아닙니다. 만약에 초대한 주인이 고가의 차나 다기 등을 자랑하거나 초대받은 손님을 은근히 무시하는 행동을 한다면, 다선이 지향하는 다인의 모습이 아닙니다. 다례의 형식보다는 마음이 비춰지는 행위가 중요합니다.

다례에서는 주인과 손님 사이에 상호 교감이 수행의 근본이 됩니다. '다른 주체'가 바로 주인의 거울(鏡)에 비친 '주체'라는 사실을 알아야 합니다. 초대받은 손님은 수동적인 자세로 다회에 임할 필요는 없습니다. 왜냐하면 손님이라는 '주체'도 다회의 주인인 '다른 주체'를 거울처럼 비추고 있기 때문입니다. 이와 같은 다회의 주인과 손님이라는 두 주체가 마치 거울처럼 상호작용하면서 무상無常 · 고苦 · 무아無我 · 공空의 뜻을 드러내고, 의식을 깨우고, 현상이 환영이며 자성이 없음을 드러내고, 주인과 손님의 무지와 번뇌를 일으키는 분별로 나눌 수 없는, 주객의 두 주체가 없는 무분별한 지혜를 알게 됩니다. 이 지혜는 과거 인연의 속박과 밖의 현상에 속박되는 것에서 벗어나 대자유를 얻게 합니다.

주객을 떠나는 무분별의 거울에는 경鏡, 환幻, 공空, 화華의 4단계의 깨달음이 있고 4단계 모두 거울입니다. 이 4단계는 의식이 진화해 가는 단계이며 깨달음이 발전하는 단계입니다.

경鏡은 자기중심에서 벗어나게 하고, 환幻은 우리라는 중심에서 벗어나게 하며, 공空은 현상계와 본성계를 하나로 관통합니다. 화華는 자성의 부정을 통하여 모든 것 그대로 상호의존임을 드러내고 자성의 무지로 인한 괴로움을 연민심으로 없애주는 행을 합니다.

① 경은 자기를 비춤, 환은 자기의 무아를 비춤, 공은 마음공이며 안과 밖이 공함을 비춤, 화는 이 모두가 부분인 동시에 전체임을 같이 비추어서 '부분이 곧 전체'라는 사실을 모르고 괴로움에 빠져 있는 '지각 있는 존재들'을 연민심으로 도와주는 비춤이 됩니다.

② 경은 몸을 자아로 여김을 알아차림, 환은 몸을 자아로 여김을 타파함, 공은 마음 자체를 자아로 여김을 타파함, 화는 현상과 본성을 같이 봄의 현현입니다.

③ 경은 동정일여, 환은 몽중일여, 공은 오매일여, 화는 공성의 완전한 깨달음입니다.

경환공화의 수행단계는 인지 지능, 정서 지능, 대인관계 지능, 도덕성 지능의 마음을 진화시키고 마음의 크기를 키우고 한층 미세하게 하며 궁극의 진리를 깨우쳐 삶과 죽음의 문제를 해결합니다.

수행방법은 자신을 되비추는 거울로 삼아 첫째의 수행 단계인 경鏡으로 시작하지만 환공화도 모두 마음거울입니다.

첫째 단계, 주인은 주인이고 손님은 손님인 경鏡의 단계(일그러진 거울인 육안의 경계에서 심안心眼의 경계로 전환).

둘째 단계, 주인은 주인이 아니고 손님은 손님이 아닌 환幻의 단계(주인이 '나'라는 개체를 환영으로 부정하고 손님도 '나'라는 개체가 환영임을 아는 심안의 거울로 물에 뜬 달에 비유되는 환영으로 거울에 비치는 주인은 환영이며 손님도 환영인 경계).

셋째 단계, 주인은 손님이고 손님은 주인인 공空의 단계(허공에 비유되는 공의 거울로 주인과 손님이 따로 없다. 안의 주인이라는 주체도 밖의 손님이라는 객체도 허공에 피는 꽃처럼 안과 밖이 없는 평등한 마음공성 자체인 거울의 경계로 주객을 떠나 범부와 성인이 평등하고 온 우주계가 하나임을 깨닫는 경계).

넷째 단계, 주인은 주인이고 손님은 손님인 화華의 단계(꽃의 거울로 주인과 손님이 본래 없지만 중생계에는 이름과 생각에 의존해서 존재하는 주인과 손님이 긍정되는 화의 경계이다. 이 경계는 모든 현상이 환영과 같음을 모르고 무자성을 모르는 유정有情을 도와주는 연민심을 내고 보리심을 실천하는 경계).

2) 의식이 진화하여 깨어나게 하는 전환의 수단

경환공화 단계의 경계를 체험하고 깨닫는 의식의 진화를 이루려면 그 전환의 수단을 알아야 합니다. 즉, 행다를 마칠 때까지 주인과 손님은 서로 쌍방을 비추는 거울 같은 무분별의 마음 상태를 유지하려고 노력해야 합니다. 그렇게 하기 위해서는 집중명상인 사마타관과 분석명상인 위빠사나관이 필요합니다.

거울 같은 관觀의 내용은 ① 알아차림 ② 분별없이 비추는 거울 같은 관이며, 공통되는 내용(무상, 고, 무아, 공)을 있는 그대로 보고 아는 앎으로서 ③ 무상관찰 ④ 관계성을 앎 ⑤ 무아관찰 ⑥ 사유와 직관이며 모두 전환의 수단입니다.

먼저 알아차림으로 일그러진 거울을 있는 그대로 보는 거울로 전환시키고, 주인과 손님이 한 공간을 이루도록 의식하게 되면 무분별 거울 같은 마음 즉, 무분별의 거울 같은 관을 유지할 수 있습니다. 행다의 과정을 무상無常으로 관찰하여 지금 여기에 머물게 하여 의식을 깨우고, 나아가 찻물과 혀와 미각 의식의 삼자관계를 관찰하여 무자성의 공을 알고 차 맛의 변화를 통해 무아無我를 관찰합니다. 끝으로 주인과 손님의 관계성 사유와 직관을 통해 분별 망상이 일어나지 않게 하여 공성을 깨칩니다. 이 전환의 방법으로 경-환-공-화의 단계가 올라갑니다.

'알아차림', '사유통찰', '마음 멈추고 쉼', '한 공간' 이 네 가지가 인식전환의 핵심입니다. '알아차림'과 '사유통찰'은 지혜를 일으키고, 과정이면서 동시에 결과인 경환공화의 경계를 얻게 합니다. '마음 멈추고 쉼'과 '한 공간'은 앞의 '알아차림'과 '사유통찰'을 잘 할 수 있는 바탕이 됩니다.

첫째, '알아차림'은 직접인식으로 머릿속의 갖가지 생각과 감정을 비우고 의식을 빛처럼 환하게 깨어나게 합니다. 알아차림의 특성은 거울의 반사작용과 같고, 대상을 비추는 마음거울의 반사 작용을 키웁니다. 알아차림이란 '즉각 안다, 민첩하게 안다'는 뜻이 있습니다. 방법은 찻잔을 잡으러 가고 차를 마시고 내려놓는 등을 반복하면서 접촉되는 느낌과 움직임을 알아차리는 것입니다. 알아차림의 대상은 행다에 등장하는 손, 입, 눈과 같은 몸과 그 움직임 그리고 행다 할 때 사용되는 다기 등 도구 일체 그리고 접촉과 느낌 등까지 두루 포함하고 있습니다.

이와 같이 대상을 알아차림 함으로써 생각과 감정이 개입하지 않도록 합니다. 한발 더 나아가서 대상을 비추는 알아차림의 거울면에 나타나는 그 대상이 실체없는 환영임을 알게 하여 현상 속에 자아가 있다는 잘못된 생각을 소멸시킵니다. 그리하여 의식이 늘 깨어 있게 하는 지혜가 생기게 하며 순수한 마음이 드러나게 합니다. 순수한 마음상태를 가지고 알아차림을 통해 의식을 깨워 무분별의 거울 같은 상태로 손님과 한 공간이 되도록 하여 일체감을 가집니다. 이와 같은 명상이 익어지면 '주인은 주인이고 손님은 손님'이라는 고정관념을 깨트리고 '주인은 주인이 아니고 손님은 손님이 아니다'라는 인식의 전환이 생깁니다.

둘째, '사유통찰'은 눈으로 볼 수 없고 손으로 만질 수 없는 모든 존재의 궁극적인 진실을 논리적으로 분석하고 추론으로써 밝혀냅니다. 거울로 비유되는 마음의 본성에는 무한 잠재력과 가능성이 갖추어져 있습니다. 마음의 본성 중에는 대상을 아는 앎도 있습니다. 앎은 알아차리는 직관만 있는 것이 아닙니다. 논리적으로 분석하고 추론하는 사유통찰도 앎입니다. 사유통찰을 통해 공성을 드러냄으로써 모든 것에는 자체 성품이 있다는 잘못된 견해를 없애고 잘못된 견해로 살아가는 속박에서 벗어나는 대자유를 실현시킵니다. 즉, '주인이 손님이고 손님이 주인'이라는 주객이 없어진 평등 그대로의 진실을 밝혀내는 인식의 전환이 일어납니다. 나아가 '주인은 주인이고 손님은 손님이다'라는 최종의 경계에 이르게 합니다.

셋째, '마음 멈추고 쉼'은 거울의 바탕을 드러냅니다. 불순물이 가라앉으면 물이 맑아져 거울같이 되듯 비어 있는 거울의 면이 나타나도록 합니다. 이러한 현상이 거울에 나타나게 하는 바탕인 마음거울 면입니다. 그러기 위해서 의도, 의욕을 멈춰야 하고 그 방법은 '마음 멈추고 쉼' 즉, 그냥 보고 그냥 듣고 그냥 느끼고 알아차리는 훈련입니다. 대상을 인식할 때 하고자 하는 의도나 의욕 등이 일어나는 순간 알아차리고 멈추는 훈련이 필요합니다. 물그릇을 흔들지 않고 가만히 두면 흙탕물이 저절로 가라앉아 거울같은 맑은 상태를 드러내는 것과 같습니다. '마음 멈추고 쉼'은 무분별 상태의 텅 빈 마음거울이 나타나도록 하여 분별이 일어나지 않게 하며 마음의 본성이 공함을 드러냅니다. 이때 생각과 감정 조절 능력이 생깁니다.

넷째, '한 공간'은 분별이 없는 상태의 텅 빈 거울이며 그 가운데에 나타나는 모든 것은 가고 옴이 환영으로 부정되어 자아와 실체가 환영임을 나타냅니다. '한 공간'을 이루는 방법은 눈의 시선을 주인은 손님, 손님은 주인에 두고 시야를 넓혀 주변 환경까지 시야 속에 둡니다. 마음의 시선은 시야에 들어오지 않는 몸의 좌우와 뒤쪽에 둡니다. 그리하여 눈의 시선과 마음의 시선을 한 공간으로 하여 의식의 영역을 넓히는 것입니다. 이것은 생각하는 것이 아닙니다. 눈과 마음의 시선과 시야는 모두 직접지각입니다. 직접 지각하는 의식의 영역입니다.

'한 공간'은 무분별의 텅 빈 마음상태를 유지시키며 마음거울에 나타나는 갓가지 생각과 감정이 환영임을 알게 하는 마음의 눈을 생기게 하며 공감능력이 생기게 합니다. 이 네 가지가 거울 같은 마음의 본성인 깨어 있는 무분별의 지혜(空寂靈知)를 현현시킵니다.

이 네 가지 마음거울 기능이 모여서 거울 같은 영지靈知의 마음으로 성숙해 갑니다. 이제, 무분별 상태를 유지하면서 육안(일그러진 눈)에서 심안(있는 그대로 보는 관)으로 전환합니다. 즉, 무분별 거울의 차명상을 통해 내가 보고 듣는 것이 진실이 아닐 수도 있음을 꿰뚫어 보아 '주인은 주인이고 손님은 손님이라는 고정된 시각'이 진실이 아님을 깨닫는 차 명상의 시작입니다. 무분별의 마음 상태에서 변하는 무상無常과 변하므로 만족스럽지 않는 고苦와 만족스럽지 않는 고苦의 현상은 자기 뜻대로 바꿀 수 없어 무아無我임을 알아차리면 환幻의 경지에 이르는 것이며 자성自性이 없는 공성이 드러나면 공空의 경지에 이르고 화華의 경지까지 성취가 이루어질 수 있습니다.

□ 멘트는 길잡이가 해야 합니다. 길잡이는 죽비를 도구 삼아 행다를 주도하지만 지시하는 것이 아니라 안내 역할을 합니다. 멘트의 언어 속에는 궁극적인 뜻(진리)이 담겨 있습니다. 그래서 명상 참여자로 하여금 슬픔과 비탄에서 벗어나게 하고 대자유를 얻게 합니다. 멘트는 주인과 손님의 관계를 중개하여 대화하듯 인도할 뿐입니다. 지시하듯이 이끌어 가면 경직이 일어나고 명상이 되지 않습니다. 명상 길잡이는 주인과 손님의 자세, 표정 등을 살펴보고 명상의 경계가 있는지 없는지도 살펴보고 그 때 그 때 알맞은 멘트로 명상 체험의 길로 이끌어줍니다.

3. 주인과 손님의 네 단계 다선일미 차명상

1) 경鏡 단계 – 주인은 주인이고 손님은 손님이다

□ 무상·고·무아·공의 이치를 듣고 사유하여 생긴 이해가 전제 되어야 다선의 경계가 분명해집니다.

□ '주인은 주인이고 손님은 손님이다'의 경계는 차를 마시기 전까지의 행다 중에 체득해 가는 과정입니다. 주인과 손님은 각기 주재하는 자아가 있고 실재하는 존재로 이것이 진실이라고 보는 일그러진 거울의 경계입니다. 그러나 알아차림으로 주인은 손님과의 경계선을 없애고 일체감을 가집니다.

거울의 반사하는 빛 같이 대상을 알아차리고,
흙탕물이 가라앉아 맑아지듯 마음을 쉬며,
분별 없는 거울에 온갖 것이 나타나듯
한 공간의 무분별이 모두 거울 같은 마음이로다.
안과 밖, 주인과 손님이 한 공간을 이루지 못하고
분리되는 순간 분별이 시작되니
대상을 나누고 구별하는 것
분별의 뜻이라 고정시키고 분리시키며
스스로 존재하는 것 같이 보이게 하는 분별의 힘이여,
분별이 세상 생기게 하니 세상은 분별 자체일 뿐이네.
그 대상은 허공을 쥐듯 하는구나.
텅 빈 한 공간을 이룬다는 것은 상호간이 의존하고 있고
흐름이며 망상과 감정이 일어나지 않아 고요하다는 것이네.
이렇게 계속해 나가면 무분별의 삼매가 일어나고
그 삼매에 머물러 허공처럼 분별을 없앨 수 있도다.
분별은 무명의 모습, 모든 분별이여 아침이슬처럼 사라지면

생사가 없는 적멸이니 무분별의 마음거울이로다.

□ '알아차림', '마음 멈추고 쉼', '한 공간'의 세 가지가 '경鏡의 단계'에서 의식의 전환을 일으키는데 이것이 일그러진 거울(육안)을 있는 그대로 비추는 무분별의 거울(심안)로 전환하는 방법입니다. 이 세 가지는 모두 무분별의 마음거울을 이루게 하며 그대로 마음의 본성이며 마음의 작용입니다. 알아차림과 마음 멈추고 쉼과 한 공간을 이루는 이 세 가지는 분리되어 있지 않으며 함께 무분별의 거울 같은 마음을 현현시킵니다.

(1) 주인은 주인이다

◉ 죽비를 세 번 치고 좌종을 한 번 쳐 시작을 알립니다.
○ 문 앞에서 손님을 맞이하면서 주인과 손님은 서로를 존중하는 마음으로 두 손을 모으거나 미소로 인사를 교환합니다. 그리고 시야와 의식의 영역을 손님과 함께 한 공간이 되도록 합니다.
○ 주인은 손님을 차 자리로 안내합니다.
○ 차 자리에 앉아서 숨을 들이쉬고 내쉬면서 몸에 힘을 빼고 허리를 쭉 폅니다.(생각과 감정을 안정시킴) 그리고 시선을 코 끝에 잠시 두고 차 도구로 시선을 옮깁니다. 의식은 손님과

주변까지 한 공간이 되도록 합니다.

◉ 행다行茶 알아차리기

○ 손님을 접대하는 다례를 행하는 주인은 차를 만들기 위해 다구 앞에 조용히 앉아서 찻상보를 걷고 다기의 예열, 차 우리기 등을 하면서 그 모든 행위의 하나하나를 알아차리도록 합니다.

○ 행다의 모든 과정을 알아차림 할 때 대상과 처음으로 접촉되는 순간을 즉각 알아 놓치지 않습니다. 알아차림과 그 대상 사이의 틈이 없도록 하고, 분별없이 비추는 거울 같이 유지되도록 하여 '무분별의 거울' 상태를 유지합니다.

○ 만약에 알아차리는 느낌을 놓쳤거나 그 느낌을 이어서 다른 생각이나 감정이 올라오면 첫째 방법으로, 그 순간 올라오는 생각이나 감정을 알아차립니다. 알아차리면 생각, 감정이 사라집니다. 두 번째 방법으로, 올라오는 생각이나 감정을 그냥 내버려두고 다시 행다에 알아차림 합니다. 그리하여 거울 같은 마음을 유지할 수 있게 합니다.

◉ 행다 알아차림을 하면서 한 공간 이루기

○ 주인은 손님과 한 공간이 되지 않으면 행다를 잠시 멈추고, 무분별의 거울 같은 상태에서 손님과 한 공간을 이루고 일체감이 이루어지고 있는지 알아차립니다.

○ 손님과 한 공간을 이루고 일체감이 이루어짐을 확인하면 다시 행다를 하면서 알아차립니다. 이어서 행다 알아차림을 하면서 한 공간 이루기를 확인합니다.

○ 차를 받는 손님은 주인이 나 자신을 비추는 거울과 같이 무분별한 상태임을 알며 알아차립니다.

○ 손님이 거울 같은 마음 상태가 무엇인지 모르더라도, 주인은 손님이 거울임을 알아차립니다 왜냐하면 깨친 두인이거나 못 깨친 범부이거나 관계없이 거울 같은 마음 즉, 마음의 본성은 똑같이 갖추고 있기 때문입니다.[4]

○ 손님과 함께 지금 여기서 한 공간 속에서 일체감을 이루고 있는지 알아차립니다.

○ 일체감 속에서 너와 내가 분리되고 고정되고 독립되어 있다는 잘못된 생각이 일어나면 즉각 그 생각을 알아차려 버리고 행다 알아차리기를 합니다.

◉ 좌종을 한 번 치고 좌종소리가 끝날 때까지 한 공간 이루기 차명상을 합니다.

◎ 무상다선無常茶禪

－과거 · 현재 · 미래가 없음을 사유하고 알아차려 지혜 얻기

---

4   육안의 눈이든 심안의 눈이든 그 눈을 통해 거울 같이 비추기 때문이다.

○ 행다를 하면서 주인은 손님과 한 공간 됨을 의식합니다.

○ 한 공간에서 행다 하는 매 순간 그 자체로 목적임을 생각하고 그 상태를 자각합니다.

○ ① 지나간 행다는 돌아오지 않아 '없음', 미래의 행다는 오지 않아 '없음'을 눈으로 확인하며 현재 순간의 행다도 머물지 않음을 눈으로 확인하고 알아차립니다. 감정이나 잡생각이 일어나면 이 또한 머물지 않아 '없음'을 알아차리고 매 순간에 집중하여 깨어 있도록 합니다.

○ ② 과거와 미래가 없으므로 현재도 없음을 눈으로 확인하고 알아차립니다. 즉각 현재 없음에 초점을 맞추고 깨어 있도록 합니다.

○ ③ '왜 현재 없음인가?' 하고 반문해 봅니다. 현재 행다 하는 순간의 과정도 반은 지나가서 없고 반은 오지 않아서 없습니다. 따라서 행다 하는 현재도 없다고 알아차리고 시간의 흐름이 '없음'에 마음을 두고 깨어 있도록 합니다.

○ ④ 현재도 없는데 지금 행다 하고 있는 것은 무엇인가? 행다라는 '있음'이 없습니다. 있다면 변하지 말아야 하는데 변하기 때문입니다. 그러므로 현재 순간도 머물지 않는다고 한 것이며, 머물지 않는 현재라는 '있음'이 없다고 사유합니다. 이제 '행다'라는 변하지 않는 고정된 실체가 없다는 것에 마음을 두고 깨어 있도록 합니다.

○ ⑤ '그래도 현재라는 것은 있지 않는가?'라고 반문하여 자신에게 물어봅니다. 현재도 초단위로 쪼개어 보면 매 순간 흘러가버려서 현재라고 할 만한 것이 없다고 사유합니다. 곧바로 과거·현재·미래가 없음에 마음을 묶어 두고(如理作意) 깨어 있도록 합니다.

● 안내자의 멘트가 끝나면 참가자들은 "주인이 무상다선無常茶禪을 명상을 합니다." 말하고 좌종을 한 번 치고 침묵 속에서 현재 순간에 초점을 맞추고 그 상태를 유지합니다.

◎ 무아다선無我茶禪

– 무상즉고無常卽苦 고즉무아苦卽無我

○ 행다 하는 순간순간을 자각합니다. 즉, 항상하지 않고 변하는 무상無常에는 물건을 소유할 수 없고, 변하는 사람 마음을 소유할 수 없고, 생로병사를 멈춰서 영원히 살 수 없어 모든 생生은 만족스러움이 없음을 알아차립니다.

○ 무상하여 불만족스러움을 조절할 수 없어 주재하는 고정된 주인이 없다는 '무아'를 자각합니다. 움직이고 변하는 주인은 이름이 주인일 뿐 주인이라는 주체가 없음을 알아차리는 것입니다.

○ 주체가 없는 주인 없음을 아는 마음상태에서 그냥 가만히 머물 뿐입니다. 주인이라는 생각과 감정이 일어나지 않음을 유지합니다. 감정이나 잡생각이 일어나면 그 즉시 숨을 들

이쉬고 내쉬면서 몸에 힘을 빼고 척추를 곧게 세웁니다. 그리고 그 상태에서 그냥 그대로 '주인 없음'을 생각하고 그 생각에 가만히 머물러 봅니다(如理住修).

○ 주인 없음은 곧 주인 무아無我입니다. 주인이라는 이름만 존재합니다. 이름만 존재한다면 무엇이 남는가? 이때, 주인, 자아가 존재하지 하지 않는 즉, 주체가 없음을 아는 것도 마음이고 주체가 없는 자리에 그냥 머물고 있는 상태도 마음임을 알아차립니다. 그리하여 마음만이 진실임을 자각합니다.

○ 지금 행다 하는 순간순간이 중요하다는 것을 알고 항상 주인무아, 무자성의 마음으로 깨어 있도록 합니다.

◉ 안내자의 멘트가 끝나면 참가자들은 "무아다선無我茶禪 명상을 합니다." 말하고 좌종을 한 번 치고 침묵 속에서 주인무아를 알아차리며 그 상태에 머물러 봅니다.

(2) 손님은 손님이다

○ 주인의 안내로 차 자리에 앉은 손님은 거울 같은 마음 상태를 가지기 위하여 숨을 들이쉬고 내쉬기를 두어 차례 합니다. 그리고 어깨에 힘을 빼고 허리를 쭉 펴줍니다. 몸에 힘이 들어가면 망상이 생기기 때문입니다. 편안하게 숨을 들이쉬고 내쉬기만 해도 망상이 현저히 줄어듭니다.

● 알아차림

○ 시선을 코끝에 잠시 두었다가 차 우리는 주인의 행다를 영화관람 하듯이 지켜봅니다. 그리고는 주인과 한 공간을 이루고 유지합니다.

○ ① 손님은 무엇이든 볼 때는 보려고 하지 않고, 들을 때도 들으려고 하지 않고, 몸은 물론 내면에서 느낌이 올 때도 느끼려고 하지 않습니다. 오직 볼 뿐, 들을 뿐, 느낄 뿐, 의식적으로 알아차리려고 하지 않고 그냥 알아차리기만 합니다.

○ ② 이때 저절로 일어나는 감정과 생각을 제어하거나 누르거나 없애려고 해서는 안 됩니다. 불난 집에 기름을 부으면 확하고 불길이 더 커지듯이 감정과 생각도 억누르려고 하며 더욱 맹렬하게 일어납니다. 무의식적으로 저절로 일어나는 생각과 감정을 즉각 알아차리기만 하고 다시 주인의 행다를 지켜봅니다.

○ ③ 의도가 들어간 감정과 생각도 알아차립니다.

○ ④ 의도된 감정과 생각이 일어나는 즉시 알아차림 해도 쉽게 가라앉지 않을 때는 숨을 들이쉬고 내쉬면서 몸의 힘을 빼고 허리를 쭉 펴줍니다. 그렇게 하면 거울 같은 마음상태를 유지하여 그 의도된 감정과 생각이 멈춰집니다. 다시 주인의 차 따르는 과정을 지켜봅니다.

○ ⑤ 주인의 움직임을 보면서, 저렇게 하는 것이 아닌데 또는 순서가 틀리네, 우리와 다르다 또는 멋있다 등의 감정과 생

각이 저절로 일어날 수 있습니다. 그럴 때는 그 생각이나 감정을 알아차리면서 없애려고 하거나 억누르려고 하지 않고 숨을 들이쉬고 내쉬면서 힘을 빼고 허리를 쭉 펴줍니다. 그리고는 그냥 보고, 그냥 듣고, 그냥 느끼는 '거울 같은 상태'로 돌아옵니다.

○ 다기 부딪치는 소리를 듣거나 외부에서 들려오는 자동차 소리 또는 수근거리는 소리가 들리더라도 그냥 들을 뿐 들으려고 하지 않습니다. 무분별의 거울 상태를 유지합니다.

○ 이와 같이 그냥 볼 뿐, 들을 뿐, 느낄 뿐인 거울 같은 상태가 되도록 마음을 길들이고 다스립니다. 즉, 스스로 거울이 되어 손님이라는 생각을 갖추고 다구 등의 사물들도 거울 같이 비춰 봅니다. 한발 더 나아가 무상에 깨어 있고 무상의 지혜로 전환합니다.

◉ 안내자의 멘트가 끝나면 참가자들은 "손님 스스로 알아차리기 차명상을 합니다." 말하고 좌종을 한번 치고 침묵 속에서 '그냥 볼 뿐'인 거울 같은 상태를 알아차리고 기억하여 잊지 않습니다.

◎ 무상다선無常茶禪
– 행다의 흐름으로 과거, 현재, 미래를 관찰하는 차명상

□ 손님은 주인과 차 도구 그리고 차를 만드는 과정을 볼 때 '어떻게 하나?' 보려고 하지 말아야 합니다. 주인의 행다 하

는 무상의 이치를 알아서 무상에 깨어 있도록 합니다. 일어나는 여러 생각과 감정도 무상임을 알아차리고 그 앎에 깨어 있게 되어 지혜로 전환이 일어납니다.

○ 주인의 행다를 거울같이 유심히 비춰보면서 행다의 흐름인 무상을 관찰합니다.

○① 지나간 행다는 돌아오지 않아 '없음'을 눈으로 확인하고 미래의 행다는 오지 않아 '없음'을 눈으로 확인하며 현재 순간의 행다도 머물지 않아 '없음'을 눈으로 확인하고 알아차립니다. 그 다음, 순간순간 머무름 없음에 머물러 깨어 있도록 합니다.

○② 과거와 미래가 없으므로 현재도 없음을 눈으로 확인하고 알아차립니다. 그러므로 현재도 머물지 않아 없음에 머물러 깨어 있도록 합니다.

○③ 왜 현재 없음인가? 현재 행다는 순간의 과정도 반은 지나가서 없고 반은 오지 않아서 없습니다. 따라서 행다 하는 현재도 없습니다. 그러므로 시간의 흐름이 없음에 깨어 있도록 합니다.

○④ 현재도 없는데 '지금 행다 하고 있는 것은 무엇인가?'라고 반문하면서 행다라는 '있음'이 본래 없음을 알아차립니다. 있다면 변하지 말아야 하는데 변하기 때문입니다. 그러므로 현재 순간도 머물지 않습니다. 머물지 않는 현재라는 '있음'이 없다는 것입니다. 그러므로 '행다'라는 변하지 않는 고정된 실체가 없다는 것에 깨어 있도록 합니다.

○ ⑤ '그래도 현재라는 것은 있지 않는가?'라고 반문하여 자신에게 물어봅니다. 현재도 초단위로 쪼개어 보면 현재라고 할 만한 것이 없습니다. 그러므로 과거·현재·미래가 없음에 깨어 있도록 합니다.

◉ 안내자의 멘트가 끝나면 참가자는 "주인 스스로 무상다선 차명상 하십시오." 말하고 좌종을 한번 치고 30여 초 1분 이상 침묵 속에서 '지금 이 순간에 깨어 있는 상태'를 알아차리고 기억하여 잊지 않습니다.

◎ 불만족스러움은 뜻대로 조절할 수 없어 무아임을 사유하고 알아차림

□ 체득 과정은 행다 움직임의 불만족 → 주인무아의 이름이 주인일 뿐인 아我 – 무아의 아我 → 손님무아의 자각 → 자기 마음을 자각 → 무자성의 마음에 집중하고 머물러 깨어 있음 → 무아의 아我에 머묾 순서 입니다.

행다 움직임의 불만족

○ 주인의 행다 하는 순간순간을 자각합니다. 항상 하지 않고 변하는 무상無常에는 물건을 소유할 수 없고 변하는 사람 마음을 소유할 수 없고 생로병사을 멈춰서 영원히 살 수 없기 때문에 모든 생生은 만족스러움이 없음을 사유하고 알아차립니다.

주인무아의 이름이 주인일 뿐인 아我 – 무아의 아

○ 더 깊이 나아갑니다. 무상하여 불만족스러움을 조절할 수
없어 주재하는 고정된 주인이 없다는 '무아'를 자각합니다.
움직이고 변하는 주인은 이름이 주인일 뿐 주인이라는 주체
가 없음을 알아차리는 것입니다.

손님무아의 자각

○ 주인 없음을 알아차리고 인식하는 '나'라는 손님도 고정된
주체가 없음을 자각합니다.

자기 마음을 자각

○ 주체가 없는 손님 없음을 아는 마음상태에서 그냥 가만히 있
을 뿐입니다. 손님이라는 생각과 감정이 일어나지 않음을 유
지합니다. 그리고 그 상태에 그냥 그대로 가만히 머뭅니다.

○ 손님 없음은 곧 손님무아입니다. 손님이라는 이름만 존재합
니다. 이름만 존재한다면 무엇이 남는가? 이때, 손님자아가
존재하지 않아 주체가 없음을 아는 것은 마음이며 주체가
없는 자리에 그냥 머물고 있는 상태도 마음임을 알아차립니
다. 그리하여 마음만이 진실임을 알아차립니다.

무자성의 마음에 집중하고 머물러 깨어 있음

○ 이제 지금 행다 하는 순간순간을 알아차리고 항상 손님무

아, 무자성의 마음에 집중하여 거울같이 비추어 깨어 있도록 합니다.

무아의 아我에 머묾

○ 손님은 무분별의 거울 같은 상태에서 차를 내는 주인도 자신을 비추는 거울과 같이 무분별한 것임을 알아차립니다.[5] 주인과 지금 여기 차방의 분위기 등이 한 공간을 이루고 일체감이 이루어지고 있는지 알아차립니다.

○ 일체감 속에서 너와 내가 분리되고, 고정되고, 독립되어 있다는 잘못된 생각이 일어나면 곧 바로 무아無我의 아我에 머뭅니다.

◉ 좌종을 치고 손님무아의 아我에 머무는 차명상을 하며 침묵 속에서 무아의 아를 알아차리고 기억하여 머뭅니다.

(3) 주인과 손님 다함께

– 주인과 손님은 서로 한 공간이 되도록 합니다

○ 서로의 거울이 되어야 한다는 생각을 계속해서 가다듬고 거울이 기본적으로 무분별임을 생각합니다.[6]

---

5   주인이 거울 같은 마음상태가 무엇인지 모르더라도 거울 같은 마음은 마음의 본성이므로 거울 같이 비춘다.

6   주인과 손님이 다선 수행에 익숙한 사람일 경우 이와 같은 다회는 매우 효과적인

○ 너와 내가 분리되고 고정되어 있다는 잘못된 생각이 올라오거나 잡생각이 올라오면 거울 같이 무분별의 마음상태임을 자각하고 거울같이 비추는 자세를 취하여 사물 보듯이 비춥니다. 그리하여 즉각 분리되고 고정되어 있다는 잘못된 생각을 알아차리고 타파합니다.

● 좌종을 치고 주인과 손님 다함께 서로 한 공간이 되게 하여 그 상태를 알아차리고 기억하여 머뭅니다.

경鏡

(1)
거울이여
빛같이 비추나니

하나를 보아

일체 모든 것
보고 알게 한다네

상승작용을 가져올 것이다. 그러나 손님이 처음 다회에 참석했을 경우에는 지나친 욕심이나 기대를 품지 않고 '미래에' 자신을 비춰 줄 거울이 될 것이라는 생각으로 배려하며 북돋아 주는 자세가 필요하다.

근원을

꿰뚫어 보는

유일한 길이라오

(2)

대상 따르는 거울

그런 것 없어

눈 귀

어디에도 없으나

비추되 분별하지 않아

무분별이여

마음의 본성이라오

2) 환幻 단계 – 손님은 손님이 아니고 주인은 주인이 아니다

□ 행다선 중 손님과 주인의 관계에서 주인이 차를 만드는 시
   간 동안 저절로 일어나는 생각과 감정 또는 보려고 들으려
   고 느끼려고 하는 의도가 개입된 생각과 감정이 올라오는
   것을 조용히 지켜보는 자세가 중요합니다. 왜냐하면 주인이
   움직이는 동안 손님은 홀로 더 많은 생각을 하며 앉아 있기

때문입니다.

□ 차를 마시면서 개체의 자아가 존재하지 않음을 체득해 가면 마음만 남습니다. 마음을 알아보는 심안을 여는 과정입니다.

차 맛을 통하여 한 공간의 무아 무분별의 거울상태 속에서 손님은 손님이 아님을 체득하여 손님이라는 말과 생각을 버립니다. 무분별의 거울상태 속에서 주인은 주인이 아님을 체득하여 주인이라는 말과 생각을 잊습니다. 거울은 대상 그 자체를 보여주지만 결코 물들지 않는 것과 같이 거울과도 같은 마음상태를 지속적으로 유지합니다.

체득 과정은 무상 → 연기 → 무아 → 마음 → 심안 순서입니다.

□ '주인은 주인이다. 손님은 손님이다'의 경계에서와 같이 주인과 손님이 한 공간 속에서 이루어지는 의식전환입니다. 이러한 의식 진화의 수단은 무상관찰입니다. 언어문자와 생각에 의존하지 않고 대상을 직접 지각하여 체험하는 것입니다. 방법은 행다의 과정을 무상無常으로 관찰하여 과거의 행다는 지나가서 없고 미래의 행다는 오지 않아 없음을 알아차리는 것입니다. 현재 이 순간도 머물지 않음을 인식(지혜)하여 소유할 수 없는 자리인 지금 이 순간에 늘 머물게 하여 의식을 깨우고 마음만이 진실임을 알게 합니다. 마음에 눈이 생기기 시작합니다. 그러므로 이전에는 미혹에 가려서

모르고 지나갔던 번뇌망상이 많이 일어나고 포착될 시기입니다.

(1) 주인은 주인이 아니다
- 주인의 마음가짐

◎ 무상의 지혜를 얻는 무상다선無常茶禪 -무상 속에 무시간과 무아의 지혜가 발현되므로 지혜는 과거, 현재, 미래는 마음이 만든 환영이며 항상하다는 불멸의 자아도 환영임을 알게 합니다.

◉ 죽비를 한번 치고 좌종도 한 번 칩니다.
○ 주인은 손님과 한 공간을 의식합니다.
○ 한 공간 상태에서 행다 하는 순간순간이 그 자체로 목적임을 생각하고 그 상태를 자각합니다.
○ 지나간 행다의 '나'는 돌아오지 않아 없음을 눈으로 확인하고 미래의 행다 하는 '나'는 오지 않아 없음을 눈으로 확인하며 현재 순간의 행다 하는 '나'도 머물지 않아 없음을 눈으로 확인하고 알아차립니다.
◉ 멘트가 끝나면 "주인은 무상다선無常茶禪 차명상 합니다." 말하고 좌종을 한번 치고 침묵으로 기다립니다.

◎ 주인무아 차명상

○ 행다 하는 지금 이 순간의 '나'라는 주인은 항상하지 않다
는 것을 자각합니다. 즉, 항상하지 않고 변하는 무상無常에
는 고정된 주인자아가 없다는 주인무아임을 자각합니다. 움
직이고 변하는 주인은 이름이 주인일 뿐 주인이라는 주체가
없음을 알아차리는 것입니다.

○ 주체가 없는 주인 없음을 아는 마음상태에 그냥 가만히 있
을 뿐입니다. 주인이라는 생각과 감정이 일어나지 않음을
유지하고 그 상태에 머뭅니다.

○ 주인, 자아는 존재하지 않고 이름만 존재한다면 무엇이 남는
가? 이때 주인, 자아가 존재하지 하지 않는 즉, 주체가 없음을
아는 것은 마음이며 주체가 없는 자리에 머물고 있는 상태도
마음임을 알아차리고 마음만이 진실임을 알아차립니다.

○ 이제 지금 행다 하는 순간순간이 중요하다는 것을 알고 항상
주인무아, 무자성의 마음상태로 깨어 있도록 자각합니다.

● 안내자의 멘트가 끝나면 참가자들은 "주인은 무아다선無我
茶禪 차명상 하십시오." 말하고 좌종을 한번 치고 침묵으로
기다립니다.

(2) 손님은 손님이 아니다
- 손님의 마음가짐
◎ 과거 · 현재 · 미래를 관찰하는 무상다선

○ 손님은 주인의 영역까지 한 공간으로 의식하여 마음의 영역을 넓힙니다.

○ 손님은 주인이 하는 행다의 모든 과정을 지켜보면서 순간순간 곧 목적임을 생각하고 그 상태를 자각합니다.

○ 지나간 행다의 '나'는 돌아오지 않아 없음을 보고, 미래의 행다의 '나'는 오지 않아 없음을 눈으로 확인하면서, 현재 순간의 행다의 '나'도 머물지 않음을 직접 보고 알아차려 현재 이 순간에 손님무아에 마음을 두고 늘 깨어 있도록 합니다.

● 안내자의 멘트가 끝나면 참가자들은 "손님무상 차명상을 하십시오." 말하고 좌종을 치고 침묵으로 기다립니다.

◎ 손님무아 차명상

○ 주인의 행다를 지켜보면서 행다하는 지금 이 순간 손님 자신도 또한 항상하지 않다는 것을 자각합니다. 애인이 변심하면 괴롭듯이 변하는 행다의 과정을 보고 행다에 대한 집착은 괴로움이며 무상無常에는 고정된 자아가 없는 손님무아임을 알아차리고 자각합니다. 변하는 손님은 이름이 손님일 뿐 손님이라는 주체가 없음을 알아차리고 자각합니다.

○ 이름이 손님이며 이름뿐인 자아는 존재하지 않는, 소유할 수 없는 현재 이 순간 상태에 그냥 그대로 가만히 머물러 있을 뿐입니다.

● 멘트가 끝나면 "손님무아 차명상을 하며 스스로 이 경지에

가만히 머뭅니다." 말하고 좌종을 치고 침묵으로 기다립니다.

○ 자아와 손님은 존재하지 않고 이름만 존재한다면 무엇이 남는가? 이때 손님, 자아가 존재하지 하지 않는, 즉 주체가 없음에 머무는 상태는 마음임을 알아 마음만이 진실임을 알아차립니다.

○ 이제 지금 행다 하는 순간순간이 무아, 무자성의 연속임을 알고 항상 무아, 무자성의 공으로 마음이 깨어 있도록 합니다.

◉ 멘트가 끝나면 "마음무아 무자성에 가만히 머뭅니다." 말하고 좌종을 치고 침묵으로 기다립니다.

(3) 주인과 손님 다함께

○ 주인과 손님은 서로 한 공간 속에 차 맛을 음미하고 무아, 무자성을 알아 그것이 마음임을 자각합니다. 특히 저절로 한 공간이 되도록 노력합니다.

□ 찻물과 혀와 미각의식의 삼자의 상호의존성을 '사유통찰'하는 것이 마음의 수준을 상승시키고 변형시키는 전환의 길입니다. 즉, 연기緣起(상호의존)가 의식전환의 원리입니다. 삼자의 관계는 먼저 사유하면서 살피고, 이것이 익숙해진 다음

에는 즉각 연기의 이치를 알아차리고 사물 보듯이 관찰되는 것이 중요합니다. 연기 → 무아 → 마음 → 심안 → 마음 공 순서입니다.

◎ 상호의존과 인과의 지혜를 얻는 연기다선緣起茶禪 - 모든 것 은 상호의존이며 원인과 결과의 흐름임을 자각합니다. 그러 므로 고정, 독립, 인과 없음은 환영이니 절대적인 신이 존재 한다는 절대주의, 영혼은 영원히 존재한다는 영원주의와 죽 으면 아무 것도 없다는 허무주의가 환영임을 아는 지혜가 발현됩니다.

○ 주인으로부터 찻잔을 받아 차를 마실 때 또는 주인으로서 빛깔, 향기, 맛을 음미합니다. 차와 혀와 미각의식이 만나 차 맛이 일어남을 살펴봅니다. 즉, 차가 없으면 차 맛이 없고 혀가 없으면 차 맛을 모르며, 미각의식이 없으면 역시 차 맛 이 없습니다. 그러므로 차와 혀와 미각의식이 만나서(연緣 - 원인) 차 맛이 일어나는 것(기起 - 결과)임을 알아차립니다.

● 멘트가 끝나면 "주인과 손님 스스로 연기다선緣起茶禪 차명 상을 하십시오." 말하고 좌종을 치고 침묵으로 기다립니다.

□ 연기다선은 세 차례 이상 익숙하게 반복하면 좋습니다.

◎ 자아 없음의 지혜를 얻는 무아다선無我茶禪 - 주인자아와 손

님자아는 환영으로 무아임을 아는 지혜가 발현됩니다. 이 지혜는 자아에 매어 있던 의식을 자유롭게 하고 한없이 확장시킵니다.

○ 두 번째로 차를 한 모금 머금고 차를 삼킬 때, 숨을 들이쉬고 내쉬면서(공기가 후각을 자극하면 차향기와 차 맛이 생긴다) 차 맛을 음미하며 찻물이 배 안으로 내려갈 때 차 맛을 느낄 수 있는지를 알아차립니다. 차 맛을 느낄 수 없음을 확인하고, 맛보는 자아가 없음을 확인합니다.

○ 차 맛보는 마음은 찻물과 혀라는 감각기관이 만날 때 일어남을 알아차립니다. 그래서 맛보는 주체는 마음이지 자아가 아님을 확인합니다. 자아는 물에 뜬 달과 같이 환幻임을 떠올리고, 자아에 대한 그릇된 생각과 견해를 과감히 버립니다. 이제 손님은 독립된 손님이 아니므로 '손님무아'요 주인은 독립된 주인이 아니므로 '주인무아'입니다.

환幻

세상은 물에 뜬 달

보고 느끼는 것 없음 아니니
현상 없다 착각하지 말라

머리 속 생각과 말에 의지하여

허공虛空 속 꽃처럼 존재한다네

환이여

다시 한 번 거울 속 미인美人이로다

무아

만약 무아의 법을 관찰하고

관찰한 것을 수습한다면

그것은 열반의 원인이고

다른 원인으로는 그것을

적정하게 하지 못한다.

-삼매왕경

◉ 안내자의 멘트가 끝나면 참가자들은 "주인과 손님 스스로
세 차례 이상 무아다선 차명상을 합니다." 말하고 좌종을 치
고 침묵 속에서 주인과 손님이 함께 무아인 줄 알아차리고
그 상태에 머물러 잊지 않습니다.

3) 공空 단계 – 주인이 손님이고 손님이 주인이다

(1) 주인과 손님의 관계성 사유를 통해 얻는 무분별의 거울로 텅 빈 마음공에 초점 맞추기

☐ 무아인 무분별의 거울 상태에서 손님과 주인이라는 말과 생각을 떠나 '나'와 '너'라는 중심에서 벗어납니다. 주인과 손님은 무아로 동일합니다. 즉, 주인은 손님에 의해서 주인이고 손님은 주인에 의해서 손님이므로 주인과 손님은 내재적인 존재(自性)임을 공동으로 부정합니다. 즉, 개체의 부정에서 안과 밖이 부정되는 공으로 전환합니다. 주인과 손님은 이름일 뿐 자성自性으로 존재하지 않는 공空으로 한 맛입니다.

이 경계는 차 맛을 음미하고 차를 맛보는 정신작용을 일으키는 주인과 손님이 한 맛으로 평등함을 알아차리고 안으로 자성이 텅 빈 마음공을 알아차려 잊어버리지 않는 것이 중요합니다.

손님과 주인 두 사람 중에 누구든지 다선일미 차 명상하는 수행자가 있으면 좋고, 없어도 상관은 없습니다. 수행자가 아니라서 거울 같은 마음 상태가 무엇인지 모르더라도, 거울 같은 마음은 마음의 본성이고 마음의 본성은 거울 같이 비추기 때문입니다.

☐ 주인과 손님의 상호의존의 관계성과 공성의 '사유통찰'과

알아차림의 '직관'이 의식전환의 원리입니다. 경-환-공-화의 단계는 올라가는 고비마다 이 전환의 수단으로 인하여 이루어지는 것입니다.

◎ 자생自生

자생의 뜻은 스스로 자自와 날 생生입니다. 부모가 없이 자신이 스스로를 태어나게 하고 스스로 존재하게 하는 것입니다. 즉, 부모가 없이 태어나서 존재한다는 뜻입니다. 이것은 비현실적이므로 그 어떤 경우에도 발생하지 않기 때문에 공합니다. 주인과 손님이 상호의존하므로 본래부터 자생은 없습니다. 그러므로 주인과 손님은 곧 무자성無自性으로 한맛(一味)임을 차 맛보는 정신작용을 통해 알아차립니다.

주인과 손님이 함께 차명상하는 모습을 떠올려 관찰하는 차명상

○ 숨을 들이쉬고 내쉬면서 어깨부터 힘을 빼고 허리를 쭉 펴줍니다. 시선은 잠시 코끝에 두었다가 차를 들고 차 맛을 음미하고는 눈을 감고 다회茶會의 처음부터 과정의 이미지를 떠올립니다.

○ 처음 주인과 손님이 서로 만나 인사할 때, 주인이 차 자리로 안내할 때, 주인이 차를 우려내고 손님에게 차를 내어 대접할 때, 주인의 행다 하는 과정의 모든 순서를 떠올려 사유합니다. 그리고 주인이 손님을 배웅할 때까지의 주인과 손님

의 교감하는 상황을 떠올려 한 공간을 유지하여 지켜보면서 사유합니다.

● 안내자의 멘트가 끝나면 참가자들은 "주인과 손님이 함께 차명상하는 모습을 떠올려 한 공간 상태에서 관찰하는 차명상을 합니다."라고 말하고 좌종을 치고 침묵 속에서 그 상태를 기억하고 유지합니다.

차 맛과 차 맛보는 정신작용은 자생이 아님을 사유하고 통찰하기

○ 두 번째 찻잔을 들고 차를 음미하면서 손님과 주인은 찻자리에서 한 잔의 차 맛으로 서로 연결되어 있음을 자각합니다. 혀와 찻물과 미각의식의 삼자의 연결과 관계성을 사유해보면 삼자의 연결 고리로서의 차 맛과 차 맛을 보는 정신작용은 원인과 결과가 상호의존하기 때문에 차 맛보는 정신작용이 스스로 정신작용을 생기게 하는 자생自生이 아님을 알아차립니다. 그러므로 주인과 손님은 자생이 아니라 차 맛을 매개로 연결되어 있음을 알아차립니다.

○ 혀와 찻물과 미각의식의 삼자의 화합이 없이 차 맛이 그 자체로 존재하고 그 자체에서 차 맛이 생긴다면,

① 차 맛은 발생할 필요가 없습니다. 왜냐하면 차 맛은 차 맛 자체 속에 이미 존재하기 때문에 차 맛의 발생은 의미가 없습니다.

② 차 맛은 절대 소멸하지 않을 것입니다. 만일 차 맛이 자생한

다면 차 맛의 변화가 없어서 우리는 차 맛을 느낄 수 없습니다. 그렇더라도 차 맛을 느낀다고 한다면 똑같은 차 맛만 끝없이 계속 될 것입니다.

③ 우리는 전前 찰나의 차 맛과 후後 찰나의 차 맛을 동시에 볼 수 있을 것입니다.

④ 만일 차 맛이 후찰나로 변한 차 맛과 하나의 본성으로서 존재한다면 전찰나의 차 맛과 후찰나의 변한 차 맛은 내재적으로 하나이며 동일할 것입니다. 이 경우는 전찰나의 차 맛과 후찰나의 차 맛을 구분할 수 없을 것입니다. 말하자면 생산자와 생산물은 정확히 동일할 것이기 때문입니다. 예를 들면 미래는 미리 정해져 있고, 드러나지 않는 형태로 현재에 이미 존재하고 있다고 생각합니다. 이러한 견해는 잘못된 것입니다. 이렇게 차 맛 자신으로부터 발생하는 것(자생自生)의 논리적 오류에 대해서 고찰하면 이런 견해를 버리게 됩니다.

◉ 안내자의 멘트가 끝나면 참가자들은 "차 맛과 차 맛보는 정신작용은 자생이 아님을 사유하고 통찰하기."라고 말하고 좌종을 치고 침묵 속에서 그 상태를 사유 통찰하고 기억하여 잊지 않습니다.

주인과 손님은 함께 공하여 평등하며 무자성으로 하나의 맛임을 알아차리기

◯ 세 번째 찻잔을 들고 차 맛을 음미하면서 차 맛이 그 자체에

서 생기지 않음을 알았다면 차 맛을 보는 정신작용도 차 맛과 같이 정신작용 그 자체에서 생기지 않고 차 맛을 보는 주인과 손님도 주인과 손님 자체로 존재하지 않고 그 자체로 주인과 손님이 생기지 않습니다. 주인과 손님이 자생하지 않아 자생이 공함을 알아차립니다. 주인이 손님과 다르지 않고 손님은 주인과 다르지 않습니다. 주인이 곧 손님이고 손님은 곧 주인이라 여기에는 무자생無自生 공 하나의 맛임을 알아차리고 주객을 떠나 주인과 손님이 평등하고 하나임을 아는 앎에 머뭅니다.

● 안내자의 멘트가 끝나면 참가자들은 "주인과 손님은 함께 공하여 평등하며 무자성으로 하나의 맛임을 알아차리기."라고 말하고 좌종을 치고 침묵 속에서 사유통찰하여 생각으로 붙들고 기억하여 잊지 않고 그 자리에 머뭅니다.

◎ 타생他生

타생은 남 타他, 날 생生입니다. 말 그대로 지금 나를 낳아주고 길러주신 부모님이 아닌 다른 부모를 원인으로 태어남을 뜻합니다. 나와 무관한 타를 원인으로 하여 내가 태어나고 살아간다 것은 있을 수 없습니다. 그래서 타생이 공空하여 주인과 손님도 타생이 아니므로 주인과 손님은 상호의존하고 평등하여 한 맛(一味)입니다.

○ 찻잔을 들고 차를 음미합니다.

차 맛을 통하여 차 맛보는 주인, 차 맛보는 손님 자신의 정신작용이 일어남을 생각합니다. 그런데 차 맛에서 차 맛보는 정신작용이 본질적으로 '다른 원인'으로부터 발생한다고 생각하면 어떨까? 예를 들어 나를 낳아주신 현재의 부모님이 아니라 나와 관계가 없는 다른 부모님에 의해 본인이 태어났다고 한다면 이것은 이치에도 맞지 않고 사실로 일어날 수도 없습니다. 이와 같이 차 맛이 지금 혀와 찻물과 미각의식의 삼자를 의지하지 않고 '다른 원인'에서 차 맛이 온 것이라면 논리적으로 납득할 수 없습니다. 또한 차 맛보는 정신작용도 본인이 아닌 다른 사람(원인)에 의지하여 있다면 본질적으로 차 맛과 차 맛보는 정신작용은 서로 아무런 관계가 없을 것입니다. 또한 차 맛에서 차 맛보는 정신작용이 일어나지 않는다면 다회를 열어도 주인은 주인으로서 자성을 갖고 손님은 손님으로서 자성을 갖고 있어서 주인과 손님은 별개일 것입니다. 주인과 손님이 별개라면 주인은 손님을 초대할 수 없을 것이며 손님은 주인의 초대를 받을 수 없을 것입니다. 다회는 성립되지 않습니다.

○ 찻잔을 들고 차 맛을 음미합니다.

차 맛에서 차 맛보는 정신작용이 일어나지 않고 본질적으로 '다른 원인(다른 사람의 정신작용)'으로부터 발생한다면 지금 맛보는 차 맛이 다른 사람, 다른 사물과 관계를 갖는 것이므로 현실에서 증명할 수 없는 인과因果의 현상이 일어납니다. 이와 같이 모든 사물은 본질적으로 차 맛 이외의 것이라는 점에서 동일하고, 따라서 전혀 관련이 없기 때문에, 차 맛과 차 맛을 보는 정신작용 사이에 아무런 인연관계가 없습니다. 따라서 맛보는 정신작용이 바위에서 발생할 수도 있고 행복은 부도덕에서 발생할 수도 있을 것입니다. 하지만 그러한 일은 일어나지 않습니다.

○ 찻잔을 들고 차 맛을 음미합니다.

차 맛보는 정신작용은 차 맛으로부터 일어납니다. 차 맛과 차 맛보는 정신작용은 동일한 연속체의 일부입니다. 하지만 자성을 가진 내재적으로 서로 다른 사물들은 그 외의 사물들과 관계가 없고 독자적인 것이어야 하기 때문에 동일한 연속체의 부분일 수가 없습니다. 만일 종자와 싹이 내재적으로, 서로 완전히 독립적으로 존재한다면 종자와 싹은 동시에 존재할 수도 있습니다. 하지만, 종자가 존재하는 동안에 우리는 종자로부터 이제 막 생겨나려고 하는 싹에 대해서 말합니다. 결과는 원인이 소멸했을 때에만 발생합니다. 종자와 싹처럼 차 맛과 차 맛보는 정신작용도 이와 같습니다.

◉ 멘트가 끝나면 "주인과 손님은 타생이 아니어서 함께 공하여 평등하며 무자성으로 하나의 맛임을 알아차리기."라고 말하

고 좌종을 치고 침묵 속에서 무자성 일미를 사유통찰하여 생각으로 붙들고 기억하여 잊지 않고 그 자리에 머뭅니다.

◎ 자타생自他生

자타생은 자自와 타他의 결합으로 생한다는 뜻입니다. 자생과 타생은 존재하지 않으므로 부정되고 자생과 타생의 결합도 부정될 수밖에 없습니다. 자타생自他生 주인과 손님이 무자성으로 평등하여 한 맛(一味)입니다.

○ 찻잔을 들고 차 맛을 음미합니다.

차 맛을 매개로 주인과 손님은 연결되어 있습니다. 차 맛이 자생이라면 주인과 손님은 연결되지 않습니다. 차 맛이 자생이고 주인과 손님이 타생이어서 자타가 합하여 차 맛이 생生한다고 해도 서로가 합할 수 없으므로 자타생自他生이 될 수 없어 자타생이 공할 수밖에 없습니다.

○ 찻잔을 들고 차 맛을 음미합니다.

자自인 주인이 자생自生이라면 손님을 만날 수 없고 손님이 타他로서 타생他生이라면 주인을 만날 수 없습니다. 손님의 입장에서 주인을 볼 때 손님은 자생이 되고 주인은 타생이 됩니다. 그래서 손님과 주인은 서로 만날 수 없습니다. 그러므로 주인과 손님이 합작하여 다회를 열어 차 맛을 생

生할 수 없습니다.

○ 찻잔을 들고 차 맛을 음미합니다.

차 맛은 차 맛보는 정신작용을 일으키고 차 맛보는 정신
작용은 곧 주인과 손님이며 차 맛과 차 맛보는 정신작용과
주인과 손님으로 이어지는 동일한 연속체로서 자체성품(自
性)이 없습니다. 그래서 주인과 손님은 자성이 없어 공하기
에 주객이 없는 공의 시선으로 주인이 손님이고 손님이 주
인임을 사유통찰하여 자타생自他生이 공함을 알아 무자성
하나로 보는 일미一味임을 알아차립니다.

◉ 안내자의 멘트가 끝나면 참가자들은 "주인과 손님은 자타생
이 아니어서 함께 공하여 평등하며 무자성으로 하나의 맛
(一味)임을 알아차리기."라고 말하고 좌종을 치고 침묵 속에
서 사유통찰하여 생각으로 붙들고 기억하여 잊지 않고 그
자리에 머뭅니다.

◎ 무인생無因生

무인생은 원인 없이 태어남을 말합니다. 어떤 것이든 직접원인
(因)과 간접원인(緣)이 만나 결과를 이루므로 원인 없이 존재하는
것은 없습니다. 이와 같이 무인생無因生이 공함으로 주인과 손님
이 무자성으로 평등하여 한 맛(一味)입니다.

○ 찻잔을 들고 차 맛을 음미합니다.

　　차 맛보는 정신작용이 차 맛을 원인으로 하지 않고 기적적인 경험에서 일어날까요? 아니면 아무 원인 없이 무작위로 일어날까요?

　　만일 그렇다면 ① 차 맛보는 정신작용은 발생하지 않을 것입니다. 그 이유는 무엇인가를 생기게 만드는 것이 아무것도 없을 것임을 사유하고 알아차리기 때문입니다.

○ 찻잔을 들고 차 맛을 음미합니다.

② 그 어떤 원인이 없이 차 맛이 일어난다면 차 맛보는 정신작용도 무질서하게 예측할 수 없게 발생할 것입니다. 말하자면 사물이 발생하려면 그 사물을 생산하는 능력을 가진 원인이 필요하다는 제약이 없기 때문입니다. 만일 그렇다면 꽃이 얼음 속에서 생겨날 수도 있고, 솔방울에서 장미가 생길 수도 있음을 사유하고 알아차립니다.

○ 찻잔을 들고 차 맛을 음미합니다.

③ 차 맛보는 정신작용은 무작위로 생겨나기 때문에, 원인에 의한 결과도 무작위라 주인이 되고 손님이 되는 일도 무작위가 될 것임을 사유하고 알아차립니다. 차 맛이라는 원인 없이 차 맛보는 정신작용이 일어나지 않음을 알아차립니다. 이제 무인생의 발생 방식은 관습적으로조차 존재하지 않음을 알아차립니다.

○ 찻잔을 들고 차 맛을 음미합니다.

원인 없이 생기는 것은 존재하지 않음을 생각합니다. 차 맛에 차 맛보는 정신작용이 일어나고 정신작용하는 주인과 손님은 곧 마음의 모습이라 이러한 마음의 모습은 차 맛을 인연으로 하므로 내재적 본성이 없어 주인이 손님이고 손님이 주인이라 주객의 마음이 평등하여 다르지 않음을 사유하고 알아차립니다.

● 안내자의 멘트가 끝나면 참가자들은 "주인과 손님은 무인생이 아니어서 함께 공하여 평등하며 무자성으로 하나의 맛임을 알아차리기."라고 말하고 좌종을 치고 침묵 속에서 사유 통찰하여 생각으로 붙들고 기억하여 잊지 않고 그 자리에 머뭅니다.

◎ 유심다선唯心茶禪

유심唯心은 마음이 일어나면 갖가지 현상이 생기고 마음이 사라지면 갖가지 현상이 사라짐을 뜻합니다. 그래서 모든 것은 마음의 현상이라는 것입니다. 유심다선의 차명상을 통해 이를 체험하게 됩니다. '항상하다', '인과가 없다', '자아가 있다'는 환영은 모두 마음의 작품임을 유심다선 차명상을 통해 분명하게 아는 것입니다. 이 아는 이 지혜는 모든 것이 오직 마음뿐임을 자각하게 합니다.

○ 차를 한 모금 머금고 삼킬 때, 숨을 들이쉬고 내쉬면서 차향과 함께 차 맛은 찻물과 혀와 미각 의식이 만나 일어나다는 것을 알아차립니다.

또한 차 맛을 아는 마음도 차 맛이 없으면 차 맛보는 정신작용 하는 마음이 없고, 마음이 없으면 차 맛이 없음을 알아차리며, 맛보는 마음이 차 맛과 의존관계에 있음을 알아차립니다. 그러므로 차 맛보는 마음속에 자아가 있는 유아有我도 아니고 자아가 없으므로 유아와 상대되는 무아도 있는 것이 아님을 확인합니다. 오로지 마음뿐임을 알아차리고 자각합니다.

과거 현재
미래의 차 맛도
유아 무아

자성自性도
마음이 만든 것
모두 환영이네

● 안내자의 멘트가 끝나면 참가자들은 "주인과 손님은 함께 유심다선 차명상을 합니다."라고 말하고 좌종을 치고 침묵 속에서 과거·현재·미래의 차 맛과 차 맛보는 정신작용과

유무의 자아도, 유무의 자성도 모두 마음의 현상임을 사유
통찰하여 오직 마음뿐이라는 한 맛(唯心一味)에 머뭅니다.

◎ 심안다선心眼茶禪

심안다선의 심안心眼은 마음의 눈입니다. 마음의 눈은 마음거
울입니다. 심안다선을 통해 육안으로 볼 수 없는 무상, 연기, 무아
를 거울로 비춰보듯 심안으로 바르고 분명하게 아는 것입니다.

○ 차를 한 모금 마시고 숨을 들이쉬고 내쉬면서 차향, 차 맛을
  음미하고 아는 마음도 무아로서 주인도 손님도 자아가 환영
  인줄 알고 깨어나는 마음만을 자각하고 그 자각에 머뭅니
  다.
○ 거울 같은 마음상태를 유지하게 될 때 주변이 시끄러워도
  고요한 느낌이 온다면, 마음에 감정과 생각이 멈춘 상태이
  고 무분별이 유지되고 있음을 알아차립니다. 밖에서 오는
  시끄러움에 반응하여 일어나는 감정과 생각이 있는지, 안에
  서 일어나는 생각과 감정에 반응하여 생각과 감정이 연쇄적
  으로 일어나는지 등을 심안으로 살펴봅니다.
○ 이 무분별 거울 같은 상태에서는 자아도 무아도 주인 또는
  손님이라는 생각도 모두 거울 속의 그림자 같이 환영이라
  본래 없음을 기억하여 잊어버리지 않습니다. 손님은 '손님
  이라는 생각 없는 상태(손님무아)'를 자각하고 그 상태로 머

뭅니다. 주인은 '주인이라는 생각 없는 상태(주인무아)'를 자각하고 그 상태로 그냥 그대로 가만히 머물고 있을 뿐입니다.

○ 머무는 자리는 개체가 없는 무아이지만 머무는 행위는 마음이며 머물고 있는 상태도 마음임을 알아차립니다(지혜).

● 멘트가 끝나면 "주인과 손님은 함께 심안다선 차명상을 합니다."라고 말하고 좌종을 치고 침묵 속에서 사유통찰하여 주인무아와 손님무아를 기억하고 그 자리에 머뭅니다.

◎ 심공다선心空茶禪

지혜는 마음의 본성이 부동임을 알게 합니다. 움직이지 않는 무아 공의 마음을 확인하기 때문입니다. 눈꺼풀이 눈을 덮고 있는 눈감음은 육안肉眼이요, 눈꺼풀이 감겨 있는데도 눈이 떠 있음은 심안心眼입니다. 즉, 마음의 눈을 뜬 것입니다. 또한 마음의 눈은 보는 성품입니다. 바뀌지 않음은 마음 자체가 공하여 생사가 없는 마음의 본성을 말합니다.

○ ① 눈을 감고 눈꺼풀이 감겨 있는 상태에서 눈이 떠 있는지 살피면서 확인합니다. ② 눈이 떠 있다면 의식이 깨어 있는 것이고 ③ 마음의 눈이 떠 있는 것입니다. 마음의 눈이 떠 있다면 ④ 이것은 대상을 보는 마음이며 ⑤ 보는 마음이 있

는지 확인합니다.

○ ⑥ 눈을 떴다 감았다 두 차례 반복합니다. 이때 눈을 뜨고 감을 때마다 눈이 떠 있는지 확인하며 보는 마음이 바뀌는지 안 바뀌는지를 확인합니다.

○ ⑦ 대상 따라 움직이는 마음과 움직이지 않는 마음을 확인합니다.

○ 시선을 다기 즉, 차관 → 물식힘기→ 찻잔 → 차통으로 옮기면서 시선의 대상은 바뀌지만 거울 같이 보는 마음이 바뀌는지 살핍니다. 나아가 다기 → 손님(주인), 손님(주인) → 다기로 시선을 움직이면서 부동의 마음이 있는지 확인합니다.

○ 부동의 마음이 확인이 되면, 그 마음에 초점을 맞추고 머뭅니다.

○ 눈을 감고 심안으로 부동의 마음에 초점을 맞추고 머뭅니다.

공空

모든 것 마음의 투영이며 환幻이라
환을 보는 것은 마음을 보는 것
안과 밖이 없는 마음이 공空이로다

공을 아는 지혜여
공과 짝을 이루어 물에 물 탄 듯하니

무경계無境界 무분별無分別이라

공 또한 공하도다

허공에 햇빛 가득함이여

언어문자 따라 생각 따라

세상과 삼라만상 우주 나타나니

마음 공 관觀하여 대자유인 되리

◉ 안내자의 멘트가 끝나면 참가자들은 "주인과 손님은 함께 심공다선 차명상을 합니다."라고 말하고 좌종을 치고 침묵 속에서 깨어있는 마음을 사유통찰하여 기억하고 그 자리에 머뭅니다.

(2) 주인과 손님이 서로 비추는 무분별의 거울 되기

□ 사유하여 무분별의 거울상태가 되었다면 두 주체가 마치 거울에 비치는 또 다른 '주체'라는 것입니다. 행다에서 어떤 종류의 거울로 그 역할을 수행하는가가 중요한 문제입니다. 주인과 손님이 서로 비추어 안과 밖이 없는 '공의 거울'이 되어 그 상태로 잊지 않고 유지하는 것이 중요합니다.

또한 주인은 손님을 보고 손님은 주인을 보고 한 공간이 되면서 무분별의 거울이 됩니다. 그냥 무분별의 텅 빈 마음

공 상태의 비치는 거울이 되는 것입니다.

□ 마음공에 집중하고 있을 때 그 상태를 '잊어버리지 않고 머무는 것'이 전환의 원리이며 핵심입니다.

○ 눈을 뜨면서 텅 빈 마음공에 머무는 사유를 그대로 시선으로 옮깁니다.

○ 시선을 코끝에 잠시 두었다가 주인은 손님을 보고 손님은 주인을 보면서 무분별 마음공의 텅 빈 채로 비치는 거울상태를 잊지 않고 기억하여 유지합니다.

○ 무분별의 텅 빈 마음공 거울상태를 가지면서 주인과 손님이 하나라고 보려는 생각(相)을 버리고 실체 없음을 보며, 무분별의 텅 빈 '마음공'으로서 거울상태를 기억하고 유지합니다.

○ 다기 부딪히는 소리를 듣거나 외부에서 수군거리는 소리를 듣더라도 들으려고 하지 않고 무분별의 텅 빈 마음공 '거울'로 소리의 실체 없음을 듣습니다.

○ 몸으로 마음으로 느낌이 오더라도 느끼려고 하지 않고. 또한 없는 느낌을 느끼려고 해서도 안됩니다. 무분별의 텅 빈 마음 거울로 느낌이 실체 없음을 그냥 느낍니다.

○ 또한 헛된 감정과 생각 그리고 분별망상이 저절로 일어나면 다만 비치면서 실체 없는 텅 빈 '공 거울' 상태를 자각하고 그 상태에 그냥 그대로 가만히 잊어버리지 않고 유지합니다.

○ 보려고, 들으려고, 느끼려고 하는 의도가 들어가 있는 마음
은 비치는 '텅 빈 거울' 같은 마음상태를 취하면 텅 빈 마음
으로 바뀝니다. 즉, 억제하거나 없애려고도 하지 않는 마음
도 머물게 하지 않습니다.

◉ 멘트가 끝나면 "주인과 손님이 함께 '마음공'을 불망不忘 하
는 차명상을 합니다."라고 말하고 좌종을 치고 침묵 속에서
텅 빈 거울 같은 마음을 잊어버리지 않고 그 자리에 머물러
지속합니다.

(3) 부동의 마음공 확인하기
 - 마음공에 머문다

□ 공성을 직관하는 것이 전환의 원리입니다.

○ 눈을 감고 눈꺼풀이 감겨 있는 상태에서 눈이 떠 있는지 살
핍니다.
○ 눈을 떴다 감았다 두 차례 반복하면서 보는 마음이 바뀌는
지 살핍니다.
○ 시선을 다기 즉, 차관 → 물 식힘기 → 찻잔 → 차통으로 옮
기면서 시선의 대상은 바뀌지만 거울 같이 보는 마음이 바
뀌는지 살핍니다. 나아가 다기에서 → 손님(주인), 손님(주인)

에서 → 다기로 시선을 움직이면서 주인과 손님이 한 공간을 이루고 부동의 마음이 있는지 확인합니다. → 부동의 마음공에 초점을 둡니다.

○ 부동의 마음공에 초점을 두면서 그 자리에 머물고 잊어버리지 않습니다.

○ 눈을 감고 부동의 마음공에 머뭅니다.

○ 바른 앎(정지正知)

○ 정진

○ 숙달

○ 삼매가 옵니다.

● 안내자의 멘트가 끝나면 참가자들은 "주인과 손님이 함께 부동심 차명상을 합니다."라고 말하고 침묵 속에서 부동심에 '사유통찰 없이' 그냥 그 자리에 머물러 가만히 있습니다. 명상 시간은 그 때의 상황에 따라 배정합니다.

(4) 공삼매空三昧(진여삼매眞如三昧)와 지혜의 확인

   – 삼매와 지혜가 오지 않으면 계속 수행한다

○ 공한 마음은 ① 내재하는 실체가 없는 공입니다. ② 결정할 수 없고(무상無相) ③ 생기는 것이 없고 ④ 멸하는 것이 없으며 ⑤ 더러움이 없으며 ⑥ 깨끗함이 없습니다. ⑦ 증가하거

나 ⑧ 감소하는 것이 없는지 심안으로 살펴봅니다.

○ 마음 거울은 공하므로 안과 밖이 없음을 확인합니다. 주인
공은 손님공이요 손님공은 주인공으로 그 내용이 텅 비어
똑같아서 공의 무분별 거울로 비춥니다. 만약에 주인과 손
님이라는 상相이 이때 일어나지 않는다면 소유할 대상을 떠
난 것입니다. 즉, 말과 생각을 떠난 것입니다.

○ 주인은 거울 같은 무분별 상태에서 고요하면서 안(주인)과
밖(손님)의 경계선이 사라지는 그 상태를 알아차리고 그 상
태를 기억하고 잊어버리지 않도록 자각상태를 유지합니다.

○ 손님도 거울 같은 무분별 상태에서 고요히 안(손님)과 밖(주
인)의 경계선이 사라지는 그 상태를 알아차리고 그 상태를
기억하고 잊지 않도록 자각상태를 유지합니다. 이와 같은
경계가 곧 무분별한 상태로 두 주체가 서로를 무아, 공으로
비추는 지혜의 거울임을 알고 그 앎마저 버립니다.

● 안내자의 멘트가 끝나면 참가자들은 "주인과 손님 함께 공
성 깨치기 차명상을 합니다."라고 말하고 침묵 속에서 안의
주인과 밖의 손님이 서로 공함을 비추어보면서 서로 공함에
머물러 진여삼매에 들어갑니다. 더 나아가 진여삼매 속에서
무분별지無分別智가 현현할 수 있습니다. 명상 시간은 그 때
의 상황에 따라 배정합니다.

공ᄉᆞᆼ

모든 것 마음이 만든 것

환 아님이 없다 하여

깨달았다 여기지 마오

허공에 본래 꽃 없듯이

환의 바탕 보아야 하리

안과 밖이 없는 공성을

공에도 짝이 있나니

공을 아는 마음

그 이름 지혜라

둘 그대로 불이不二라네

4) 화華 단계 – 주인은 주인이고 손님은 손님이다

□ 첫째 단계: 주인은 주인이고 손님은 손님인 '경鏡의 단계'

거울에 비유되는 일그러진 거울인 육안의 경계. 이 경계
는 주인과 손님은 그냥 보고 듣고 느끼고 알아차림 할 뿐이
며, 알아차림을 통해 한 공간 속에서 일체로 느끼는 무분별
의 거울 상태로 전환합니다.

□ 둘째 단계: 주인은 주인이 아니고 손님은 손님이 아닌 '환幻의 단계'

주인이 '나'라는 개체를 환영으로 부정하고 손님도 '나'라는 개체가 환영임을 아는 심안의 거울 즉, 물에 뜬 달에 비유되는 환영으로 거울에 비치는 주인은 환영이며 손님도 환영인 경계. 이 경계는 주인과 손님은 무상하게 변하므로 주인은 주인일 수 없고 손님은 손님일 수 없습니다. 그러므로 손님과 주인이라는 분별을 떠난 무아 거울상태로 전환합니다.

□ 셋째 단계: 주인은 손님이고 손님은 주인인 '공空의 단계'

허공에 비유되는 공의 거울 – 주인과 손님이 따로 없는 즉, 안의 주인 주체도 밖의 손님이라는 객체도 허공에 피는 꽃처럼 안과 밖이 없는 공성 자체인 거울의 경계. 이 경계는 찻물과 혀와 미각의식의 삼자관계, 그리고 차 맛을 통해 공空 체득의 무분별의 거울상태로 전환합니다. 고정되어 있거나 독립되어 있거나, 다른 것과 분리되어 있거나 실체를 가지고 스스로 존재한다는 등의 그릇된 생각을 버립니다.

□ 넷째 단계: 주인은 주인이고 손님은 손님인 '화華의 단계'

꽃에 비유되는 꽃의 거울 – 주인과 손님이 본래 없지만 중생계에는 이름과 생각에 의존해서 존재하는 주인과 손님이 긍정되는 경계. 이 경계는 손님과 주인의 관계성을 통해 손님은 주인이 있으므로 손님이고 주인은 손님이 있으므로 주인이므로 고정 독립된 주인과 손님이란 존재하지 않는 인무아 법무아의 텅 빈 무분별 거울상태입니다. 그러므로 주인과 손님은 언어가 그렇다는 것이지 실체로는 존재하지 않습니다. 그러나 현실적으로 주인은 주인이고, 손님은 손님인 것은 왜 그럴까요? 세속의 관습에 따라 말과 생각에 의존하기 때문입니다. 그러므로 주인은 주인이요 손님은 손님으로 존재합니다. 여기는 주인과 손님과 관계성을 통해 첫째, 주인과 손님은 말과 생각으로만 존재하며 둘째, 말과 생각을 떠나 주인과 손님은 연기공임을 있는 그대로 알아보고 셋째, 앞의 두 경계가 그대로 연기이며 공이며 화華에 비유되는 것임을 아는 것이 중요합니다.

네 번째 화華의 경계는 앞의 경-환-공의 세 단계를 하나로 통합한 경계입니다. 또한 현상계와 본성을 같이 보는 통관의 경계입니다. 한 마음에 불변(不變 - 본성)과 수연(隨緣 - 현상), 즉 하나 속에 둘을 관통하여 관(通觀)하는 것이 전환의 원리이며 수단입니다. 깨달음의 경계가 현실 속에서 펼쳐지는 것입니다. 수행자의 입장에서는 익숙하도록 명상을 반복함으로써 경-환-공-화로 발달단계의 전개가 매우 빠르고 쉽게 진행되고 체험됩니다.

○ 헤어질 때 손님은 손님대로 주인은 주인대로 제자리를 찾습

니다.

○ 주인과 손님은 존재하지 않지만 말과 생각에 의존하여 주인
과 손님이 있음을 알아차립니다.

○ 이제 현실의 주인과 손님으로 되돌아옵니다. 말과 생각에
의존함도 연기공이므로 단지 세속의 관습에 따라 손님과 주
인이 되는 것임을 알아차립니다.

○ 모든 존재와 사물도 이와 같습니다. 비로소 모든 현상에 속
지 않고 걸림 없는 대자유, 바른 깨달음을 얻습니다. '주인은
주인이고 손님은 손님이다.'라고.

○ 부분이 전체이고 전체가 부분임을 아는 마음은 자비심을 가
지고 '지각 있는 존재들'을 도와주는 마음이 일어나고 실천
합니다. 이미 보리菩提의 씨앗이 가슴에 생겼기 때문입니다.

　'주인은 주인이고 손님은 손님이다'의 세속의 관습에 따
라 사는 삶 속에서 부분이 전체이고 전체가 부분임을 아는
무자성의 공성을 근거로 하는 보리심을 실천합니다.

화華

꽃이여

공의 깨달음이며

꽃잎의 중첩이여

부분이 곧 전체요

전체가 부분이로다

보리菩提의 씨앗이여

중생 가슴 속 부처의 싹 틔우니

유정有情이 붓다로다

보리심이여

불 속에서 피어나는 연꽃이로다

4. 명상의 목적은 연민심

주인과 손님의 경鏡·환幻·공空·화華 4단계 깨침의 경지는 명칭을 통한 통찰명상과 사유를 통한 통찰 그리고 차 마시는 행다선 명상을 꾸준히 했을 때 체험이 분명하게 됩니다.

상근기 수행자들은 옛 선사들의 촌철살인의 가르침에서 불법의 심오한 뜻을 바로 깨칠 수 있습니다. 그러나 언어문자에 얽매어 그 뜻을 제대로 이해하지 못하는 수행자나 사람들이 많습니다. 손으로 달을 가리키면 달을 보아야 하는데 사람들은 손가락을 봅니다. 그 이유는 언어문자가 달을 가리키는 손가락의 기능을 상실하고 인식의 대상인 달 자체가 되었기 때문입니다.

언어문자와 실제의 달과는 엄연히 다릅니다. 언어문자는 대상을 고정시키고 분리시키고 실체로서 내 밖에 따로 존재하는 것으로 보게 합니다. 실제의 찻잔은 던지면 깨어지지만 언어문자로 이루어진 찻잔은 던져도 깨어지지 않는 것과 같은 이치입니다. 그들은 붓다의 가르침에 따른 수행을 한다고 하면서 실제로는 무아와 공성의 뜻을 언어문자로 헤아리고는 알았다고 착각합니다. 여기에는 실제 체험이 없습니다.

언어문자가 인식대상이 되면 그 대상을 실체로서 인식하기 때문에 그 대상이 변하거나 없어지면 괴로움에 빠지고 무지에 빠지며, 옳고 그름을 바르게 분별하지 못하여 지혜가 생기지 않습니다. 연기실상으로서 공을 깨닫지 못하고 있습니다. 어떤 수행자들은 수행 현상의 공통되는 이치(무아·무상·연기·공)를 보지 못하고 나타난 현상만을 가지고 본인의 수행 결과를 논하며 다른 수행자를 평가하고 사견을 내세웁니다.

다선 수행은 차茶를 매개로 하여 붓다의 전통적인 수행인 집중명상과 분석명상에 근본을 두고 있습니다. 전통적인 다선茶禪 명상을 계승하고 더불어 자비심을 증장하는 수행법의 일환으로 명상체험 없이 언어문자에만 집착하는 병폐를 극복할 수 있고, 일상생활 속에서도 장소와 시간에 상관없이 행行할 수 있는 수행법입니다.

이 글에서는 거울의 비유를 통해서 다선 수행법을 설명하였습니다. 주체와 객체가 고정된 것이 아니라 주인이라는 주체가 손님이라는 주체에서 보자면 대상이 되고, 손님의 주체에서 보면 주인이 대상이 되는, 서로가 대상이 되기 때문에 차 한 잔을 마시면서도 서로를 존중하는 자세에서 시작해야 하는 것입니다. 이와 같이 다선 수행법은 자비를 뿌리로 하는 수행의 길이며, 분별을 넘어선 무분별의 경계[7] 속에서 행해지는 일상생활 속의 수행입니다.

　다선 수행법의 실천 과정은 여러 가지로 응용될 수 있습니다. 그렇지만 찻잔을 앞에 두고 서로를 배려하는 마음이 그 근간이 되어야 할 것이며, 상대방이 거울에 비친 주체라는 생각을 잊지 말아야 합니다. 이 수행을 통해 무분별의 경계 속에서 연기실상을 체득하고 감각적인 고통·무너짐에서 오는 고통·무지에서 오는 고통을 당하는 '지각 있는 존재들'을 지혜와 연민심으로 도와주는 수행자의 삶을 사시길 기원합니다.

7　　무분별의 거울에 비친 것은 상호의존적인 두 주체의 모습으로 이것이 곧 연기실상을 반영한다.
　　즉 여기에서 부분이 전체이고 전체가 곧 부분이라는 코페르니쿠스적인 발상을 할 수 있다. 거울의 무분별은 마음이고, 이 무분별의 마음에서 나타나는 것이 곧 연기이다. 이와 같은 연기와 연기를 아는 지혜가 법신法身·승의勝義·진여眞如·불성佛性 등의 다른 이름으로 불리는 것이다.

제9장

행다선의 체험사례

행다 하는 순간순간의 움직인과

대상과 5감각과의 접촉을 알아차림 하고 있는 순간은

불안도 탐욕도 일어나지 않음을 알았다

고요하고 편안했고 혼침이 오는 것도 알아차렸다

행다가 끝나자 모든 것이

감사하다는 마음이 일어남을 알아차렸다

1. 일각의 다실 차명상

●　집에서 나와 정원을 지납니다. 이 정원은 내가 꿈꾸던 정원임에도 규모가 작아졌다 커졌다 합니다. 어떤 꽃을 심을지 고민이 많습니다. 마음의 결정을 내리고 있지 못함을 알겠습니다. 정원을 지나 오솔길을 갈 때는 예전에 가 봤던 곳들 중에서 기억에 남는 곳을 끌어 옵니다. 이것조차 썩 마음에 들지 않음을 알겠습니다. 이제 징검다리를 건넙니다. 건널 때마다 탁한 물이 맑고 투명하고 잔잔하게 변하는군요. 변하고자 마음 먹으니 마음 먹은 대로 변해 감을 알겠습니다. 멀리 차나무 숲이 보입니다. 제가 사는 곳에는 잘 볼 수 없는 것이기에 반가운 마음이 일어나는 걸 알겠습니다. 오래된 나무에 기대어 이 차나무에서 자라 차를 만드는 데 얼마나 많은 인연들이 연결되어 있는가를 생각해 봅니다.

저 우주까지 의식을 확장해 가는 것이 경이롭습니다.

잠깐 졸음에 빠져든 것을 알겠습니다.

공성의 빈 마당으로 들어섭니다. 연못에 피어 있는 연꽃에 깨끗함, 고결함 같은 의미를 부여하고 있는 마음을 알아차립니다.

잘 정돈된 다실에서 차를 우립니다. 나에게도 이런 다실이 있다면 좋겠다는 생각이 일어남을 알겠습니다.

_ 김미소

죽음명상

★ 나는 늙을 수밖에 없다. 늙음은 피할 수 없다.

★ 나는 병들 수밖에 없다. 병을 피할 수 없다.

★ 나는 죽을 수밖에 없다. 죽음은 피할 수 없다.

★ 나는 사랑스러운 가족과 헤어질 수밖에 없다. 사랑스런 사람과의 이별은 피할 수 없다.

★ 나는 내 행위의 상속자로, 선행에는 선과, 악행에는 악과라는 인과를 피할 수 없다.

나의 죽음은 먼 장래 이야기가 아니고 호흡이 끊기는 순간 예고 없이 바로 찾아오니 항상 죽음을 맞이할 준비를 하자. 오늘이 나의 마지막 날임을 명심하고 마지막 호흡을 알아차리자.

불사不死를 얻기 위해 깨달음의 길 떠나는 명상

눈을 감고 오온의 다실에서 현관문을 열고 오솔길로 간다. 오솔길에는 탐욕의 돼지, 분노의 뱀, 게으름과 혼침의 토끼, 들뜸의 원숭이, 의심과 후회의 여우가 보인다. 이 다섯 가지 장애를 하나씩 극복한다. 삼독심의 시냇가에 놓인 6개 징검다리를 건넌다. 보시로 탐욕심을 줄이고, 지계로 냄새 나는 시냇물이 향기로 변하고, 인욕으로 물길이 빨라지고, 정진으로 선善을 증장하고, 집중으로 삼매를 얻고, 지혜로 피안에 들어간다.

명상정원에는 소나무 숲과 차나무 숲이 보인다. 소나무를 가만히 안아보고 등을 기대어 소나무에 대한 명상을 한다. 소나무는 땅이 없으면 흙의 양분과 물을 빨아들일 수 없고, 온도와 습도, 바람과 공기와 공간이 없으면 존재할 수 없고, 태양이 없으면 살수가 없다. 태양은 우주에서 빛을 보낸다. 지구 땅에서 우주 끝까지 모두 연결되었구나!

나에 대한 명상을 한다. 나는 부모님으로부터 생명을 받아 태어났고, 공기가 없으면 물이 없으면 음식이 없으면 살 수가 없다. 땅이 없이 살 수가 없구나! 나와 소나무가 아무 관련이 없는 게 아니라 서로 연결되어 하나임을 알게 된다. 시간도 또한 과거는 지나가서 없고, 미래는 오지 않아 없으며 현재는 머무를 수 없으니 또한 없다. 모든 것이 무상無常·고苦·무아無我임을 다시 한 번 가슴에 새긴다. 깨달음의 정원 연못에는 흰 연꽃과 붉은 연꽃이 있다. 깨달음의 정자 구경정究竟亭이 보인다. 4개 계단인 범부각凡夫覺, 상사각相似覺, 수분각隨分覺, 구경각究竟覺의 계단에 올라가 문을 연다. 밝은 빛이 정자 안을 비추고 전단향 향기가 가득하다.

좌측에는 다선일미茶禪一味 족자가 걸려 있고 차상에는 다구가 가지런히 놓여 있다.

구경정 밖을 보니 오온의 집에서 출발해서 오솔길의 5가지 장애를 극복하고 탐·진·치 삼독심의 시냇물을 6바라밀 징검다리로 건너, 소나무와 나에 대한 사유를 통해 나와 소나무가 다르지 않다는 공성을 체험하고 깨달음 정원의 연꽃을 보고 구경정 4계단을 올라 구경정 다실에 도착하니 5온의 집에서 출발한 집과 구경정이 둘이 아님을, 나와 소나무가 둘이 아님을 알게 됐다. 가만히 내면을 들여다보니 느낌만이 남는다. 느낌도 생겼다 사라진다. 느낌을 느끼는 마음이 보인다. 이 마음도 또한 생기면 사라지는구나! 그런데 이 마음을 보는 마음이 또 있네.

_ 안통허

2. 가족의 행복을 위한 차명상

● 상상을 통한 차명상 실습으로 상상의 다실에 가족을 초대했다. 사랑스러운 두 딸을 떠올릴 때는 너무 반갑고 기쁘고 행복한 미소가 저절로 지어졌다. 나의 가족이 거기 있어서 기뻤고 동시에 늘 바쁜 남편이 '나도 가고 싶지만 오늘도 일정이 바빠서...'라고 하기에 상상 속에서도 현실처럼 서운한 마음이 올라왔다. 아마 내 의식, 무의식 속에는 남편에 대한 섭섭함이 항상 있었

던 것 같다. 가족의 행복을 위한 행다선 실습을 통해서 가족을 생각하는 내 마음도 알아차릴 수 있었고, 앞으로 더 많은 연습을 통해 우리 가족이 항상 행복하고 평안해지고 싶다.

_ 신심월

● 　처음 눈을 감고 나만의 차방 꾸미기를 할 때 두 곳이 동시에 떠올라 약간 당황스러워 하는 것을 알아차린다.

온전히 나만의 공간 차방을 떠올리려 집중하는 것을 알아 차린다. 햇볕이 환하게 들어오는 다실에 앉아 엄마, 남편, 딸, 아들을 초대해 정성껏 준비한 차를 대접하니 남편이 많이 쑥스러워 하는 모습이다. 서로 마주보며 웃는 얼굴, 또 한 잔의 차를 대접하니 점점 가족의 모습이 편안해지는 것을 알아차린다. 처음보다 많이 편안해진 모습으로 모두 활짝 웃으며 차를 마시고 나도 마음의 편안해지는 것을 알아차린다.

가족을 배웅하고 혼자서 차 한 잔을 마시니 속이 시원해지고 몸도 가볍게 느껴짐을 알아차린다. 남편에게 미안한 마음도 들었고 앞으로 내가 더 잘 해야겠다는 마음의 변화가 생김을 알아차렸다.

_ 정귀례

3. 오감 알아차리기 차명상

● 고경 선생님의 목소리를 알아차림. 몸 동작과 목소리가 한 몸에서 나옴을 알아차림. 나의 시선과 귀도 고경 선생님에게 향해 있음을 알아차림. 천천히 움직이는 오른손과 뒤따라 같이 가는 왼손의 움직임을 알아차림. 차주전자의 손잡이를 잡는 순간 매끄러움과 차가움, 딱딱함, 묵직함을 알아차림. 찻잔에 찻물이 흘러내리는 것을 알아차림. 물소리가 찻물의 깊이에 따라 내 손동작에 따라 커졌다가 작아졌다가 뚝 끊김을 알아차림. 손을 뻗어 찻잔을 잡는 동작을 알아차림. 양손으로 전해지는 찻잔의 미끄러움과 따뜻함을 알아차림. 입으로 향하는 숭 코에서 연꽃차 특유의 냄새가 남을 알아차림. 입 안에서 연꽃차의 미끌거림과 단맛과 냄새가 같이 어울리는 것을 알아차림. 삼킴과 목을 타고 내려가는 찻물의 자극을 알아차림. 배가 부풀러 오름을 알아차림.

_ 해인

● 행다 하는 순간순간 보이는 것, 들리는 것, 차향, 차맛, 다구들과의 접촉에서의 알아차림을 하면서 내가 경험하는 대상이 없으면 나의 5가지 감각도 없겠구나! 하는 생각이 들었다. 그리고 어느 한 가지가 빠져도 결과가 달라진다는 걸 알아차림 하자 고정된 실체는 없고 모든 게 상호의존해서 일어났다 사라질 뿐이라는 걸 알아차렸다.

행다 하는 순간순간의 나의 움직임과 대상과 5감각과의 접촉을 즉각즉각 알아차림 하고 있는 순간은 아무런 계산도 불안도 두려움도 탐욕도 일어나지 않음을 알았다. 고요하고 편안했고 혼침이 오는 것도 알아차렸다. 행다가 끝나자 모든 것이 감사하다는 마음이 일어남을 알아차렸다.

행다가 끝나고 소감을 나눌 때 나와 비슷한 경험을 얘기하는 사람도 있고 또 다른 경험을 얘기하시는 분들의 소감을 들으면서 각자의 인연연기를 알아차림 할 수 있었고 타인에 대한 이해와 존중이 필요하다는 걸 생각할 수 있었다.

_ 화련

● 다관에서 연꽃 잔에 물을 따를 때 물이 한 자리에 머물지 않고 찰나찰나 이동함을 알아차렸다.

물방울이 생겼다 사라짐을 알아차렸고,

물소리만이 내 공간임을 알아차렸고,

순간 펑 하는 느낌으로 텅 빈 것 같음을 알아차렸다.

또한 알아차림과 알아차림 사이에 간극이 있음을 알아차렸고,

간극 사이에 생각이 솟아남을 알아차렸고,

알아차리는 순간 소멸됨을 알아차렸다.

_ 일곡

4. 색향미 감로차 마시기 차명상

● 다관, 찻잔, 차통, 차상 이름을 붙이고 보면 서로서로 분리되어 보이고, 이름과 명칭을 생각하지 않고 보면 서로 유기적으로 상호의존함을 알아차렸으며 부분에서 전체로 의식이 확장됨을 알아차렸다.

입 안에서 차맛을 느낄 때 찻물, 입, 찻잔, 손가락, 몸으로 의식이 넓어지고 찻물이 목을 넘어가면서 사라짐을 알아차렸다. 찻물이 없어짐을 알아차리면서 나라고 할 만한 게 없고 실체가 없어 비어 있음을 알아차렸다. 찻물이 목을 내려가면서 온몸, 발가락, 손가락까지 따뜻함을 알아차렸다. 선풍기, 에어컨, 소 울음소리를 알아차렸고 차츰 고요하고 평온해짐을 알아차렸다.

_ 정혜

● 의식을 발가락에 두면 주먹만한 엄지 발가락만 있고 손 끝에 두니 두 팔이 커지고 정수리에 두니 둥근 공 같은 것만 인지 되었고 세 곳을 함께 보면 전체적인 몸의 형태가 알아차림 된다. 찻물이 목을 통해 흘러 들어옴을 상상하는데 몸으로 스며든 물은 흔적이 없다. 그 많은 물이 몸 밖으로 나오지 않음이 '마치 모래에 물이 스며들 듯이'의 멘트 때문임을 인지할 때 '아! 마음이 이런 거구나!' 하고 모든 현상들을 마음이 만들고 있었음을 자각한다.

차를 마실 때 목으로 물이 넘어가는 느낌이 기억되어 상상 속의 차마심에도 그 촉감이 그대로 느껴진다. 기억 속의 느낌을 가져 와서 마치 현재 진행형인 것처럼 촉감과 맛과 향이 알아차림 될 때 이것이 마음의 조작임을 확인한다. 과거의 기억인 허상을 왜곡해서 보면서 실제인 양 알고 살아왔음이 자각된다. 현재는 지나간 시간의 느낌이었구나! 현재를 본다는 것도 촉에서 시작하여 마음에 인지되는 시간의 오차가 있음을 알게 되어 지금을 보는 것이 아니었음을 확인한다. 현재라는 실체가 없었으며 다만 현상만이 존재하고 있음을 알게 되었다.

_미경

● 감로차를 상상으로 마시면서 몸에 흡수되는 것을 지켜봅니다.

모래에 물이 스며들 듯이 하다가 안개에 스며들 듯이 상상하면서 세포 구석구석 스며듦을 봅니다. 그렇게 스며든 감로차가 몸의 경계를 지우듯 마침내 몸의 형체가 보이지 않고 텅 빈 상태에서 엉덩이 감각과 발등 감각만 남아 있는 걸 봅니다.

_금아

● 차를 마시니 입 안에 침이 고이면서 단맛이 느껴짐을 알아차렸다. 명상 중 왼쪽 어깨에 통증이 스치듯이 지나고 왼쪽 무릎 쪽이 많이 시렸다. 충무로 자비선 센터에서 명상할 때도 왼쪽 검지 손가락과 왼쪽 발가락 사이에 찬바람이 나왔는데 오늘도 왼

쪽 무릎이 시린 것을 느끼고 내 몸에서 왼쪽이 좋지 않은 것 같아 걱정도 되었다.

시간이 지나도 왼쪽 무릎이 계속 시려 뜨거운 보이차를 마시니 많이 완화가 되었다. 이렇게 반응이 나타나는 것이 명상에 집중을 잘한 결과라 여겨져 앞으로 조금씩 치유될 듯하다.

_ **혜정**

5. 명칭을 통한 통찰 차명상

● 다관이라는 명칭을 붙이자 그것이 하나의 독립된 실체처럼 느껴지는 것을 알아차렸습니다. 찻잔이라고 명칭을 붙이자 찻잔이 실재하는 것으로 느껴짐을 알아차렸습니다.

다관이나 찻잔은 차를 마시기 위한 도구일 뿐 그 독립된 실체는 없음을 알아차렸습니다. 찻잔에 술을 담으면 술잔이고 밥을 담으면 밥그릇이 됨을 알아차렸습니다. 독립된 실체는 없으며 인연 따라 생기고 사라짐을 알아차렸습니다.

_ **황하**

6. 사유를 통한 통찰 차명상

● 차와 물이 만나 찻물을 만들고 찻물이 혀를 만나 맛을 느끼는 미각의식을 통해 차맛을 이루는 상호관계성(의존성)을 알아차렸습니다. 다시 차를 만드는 관계를 사유하니 여기 또한 서로 상호의존에 의해 내 앞의 차도 있음을 알아차렸습니다. 차를 한 모금 마시니 차맛의 실체가 없음을 알아차렸습니다.

눈을 감고 나의 존재를 떠올리니 지금 앉아 있는 모습이 알아차려지고, 나와 연관된 지금의 가족, 부모님, 부모님의 양가 부모님 순으로 점점 관계를 확대하게 되고, 지구와 태양이 내 허리쯤 있다고 연상을 하니 내 몸 허리에서부터 붉게 변해갔고 우주로 확장하면서 손의 찌릿찌릿한 감각만 남아 있음을 알아차렸고 점점 그 감각도 사라져서 내 몸이 사라지고 텅 비어 있음을 알아차렸습니다. 명상이 끝나서 눈은 살짝 뜨였으나 몸의 감각은 즉각 돌아오지 않고 머물러 있음을 알아차렸습니다.

_ **무여**

7. 함께 나누어 마시기 차명상

● 상대방의 찻잔을 받아 앞에 놓았는데 그 찻물이 처음 내 찻잔의 물빛보다 더 맑게 느껴진다고 알아차렸다.

찻잔을 들고 눈을 감고 있을 때는 찻잔을 전혀 느낄 수 없었고 상체가 더워지면서 따뜻하고 좋았다.

과거의 행다는 사라져서 없고, 미래의 행다는 오지 않아서 없고, 현재의 행다도 머무르지 않고 일어났다 사라진다는 멘트가 자유를 찾을 수 있을 거라는 희망을 주는 걸 느꼈다.

가슴에 기쁨이 흐르고 있었다. 정말 행복한 시간이었다.

_ 청경

● 상대방과 차 나눔 인사를 하면서 얼굴 근육이 이완(미소)되는 것을 알아차렸으며, 상대가 젊은 청년이라 사랑 듬뿍 차를 우리고 있는 자신을 알아차렸다. 차 도구를 전체의식으로 보면서 상호유기적 관계와 그에 의존하여 찻잔에 찻물이 담겨 있음을 알아차렸다. 찻물을 따를 때 생긴 거품이 사라짐을 보면서 무상을 알아차렸다. 또한 나와 앞에 있는 상대방, 가족으로부터 우주법계까지 독립된 자아가 없음을 알아차리면서 의식이 자기중심에서 우주중심으로 확장됨을 알았다.

_ 문혜

차명상이라는 용어를 쓰기 시작한 것은 채 20여 년이 되지 않습니다. 기존의 '다선茶禪' 또는 '다도茶道'라는 이름에 '선禪', '도道'라는 말이 들어 있어 명상이라고 부를 수는 있겠지만 실제 차의례나 다법이 있을 뿐 '선' 또는 '도'는 반영하지 못했습니다. 문헌적으로도 없습니다. 단지 선승禪僧들이 앉으면 좌선이요 걸으면 행선이요 차를 마시면 다선이었을 뿐입니다. 굳이 다선의 수행법이 필요 없었습니다.

그러나 현대에 와서는 선禪을 아는 이가 많지 않아 다선의 다른 이름인 차명상이 나왔습니다. 사마타와 위빠사나에 적용시킨 차명상이라는 이름을 쓰면서 시작되었습니다. 다선의 선禪도 사마타와 위빠사나에서 벗어나는 것은 아닙니다.

지난 2003년 겨울에 차명상을 가르쳐달라는 다인들의 요청에 의해 본격적으로 강의하면서 오늘날 '명상 차를 논論하다'로 발전하게 되었습니다.

이 책 '명상 차를 논하다'는 논서論書의 성격이 있습니다. 앞으로 같은 제목으로 4권 이상 나올 예정입니다. 책의 출판을 통해 차명상학의 학문적인 토대가 되고 차명상이 발전하기를 바랍니다.

'명상 차를 논하다(행다선行茶禪)'가 나오기까지 문장의 교정을 봐주신 만후 선생님과 차명상 전체의 흐름을 잡아주신 최혜륜 선생님, 문장 정리에 도움 주신 선연화, 능선화 님에게 감사드립니다. 책의 편집과 제작에 애써주신 사유수 출판사 편집진들도 수고 많으셨습니다. 각별한 정성과 수고로 책의 완성도가 높아졌습니다.

여유있는 한 잔의 차맛으로 행복하세요.

지운 합장

명상 차茶를 논하다

1판 1쇄 인쇄 | 2020년 10월 20일
1판 1쇄 발행 | 2020년 11월 5일

지은이 | 지운

펴낸이 | 서화교
펴낸곳 | 연꽃호수

편집기획 | 이미현(사유수출판사)
편집 | 박숙경, 유진희

경북 성주군 수륜면 계정길 208, 보리마을자비선명상원
대표전화 | (054) 931-8874
이메일 | jabisugwan@naver.com
홈페이지 | www.jabisugwan.org

등록 | 2008년 3월 24일 제 2008-1호